Mary Berry

Kochen
für
Anfänger

Mary Berry

Kochen
für
Anfänger

Grundtechniken und Rezepte Schritt für Schritt

DORLING KINDERSLEY

LONDON, NEW YORK, MELBOURNE,
MÜNCHEN UND DELHI

Redaktion ELIZABETH WATSON
Bildredaktion HELEN SPENCER
Cheflektorat ADÈLE HAYWARD
Leitung Gestaltung NICK HARRIS
DTP-Design TRACI SALTER
Herstellung MANDY INNESS
Gestaltung PETER LUFF
Fotos DAVE KING
Herausgeber MARY-CLARE JERRAM

DORLING KINDERSLEY (INDIEN)
Redaktion PANKHOORI SINHA
Cheflektorat DIPALI SINGH
Gestaltung NEERJA RAWAT
Leitung Gestaltung KAVITA DUTTA
DTP-Design HARISH AGGARWAL, TARUN SHARMA
DTP-Koordination PANKAJ SHARMA
Projektkoordination APARNA SHARMA

FÜR DIE DEUTSCHE AUSGABE
Programmleitung MONIKA SCHLITZER
Projektbetreuung ELKE HOMBURG
Herstellungsleitung DOROTHEE WHITTAKER
Herstellung GERD WIECHCINSKI

Bibliografische Information Der Deutschen Bibliothek
Die Deutsche Bibliothek verzeichnet diese Publikation in der Deutschen Nationalbibliografie;
detaillierte bibliografische Daten sind im Internet über http://dnb.ddb.de abrufbar.

Titel der englischen Originalausgabe: HOW TO COOK

ÜBERSETZUNG DR. BERNHARD ABEND

978-3-8310-1285-5

Printed in China by Leo

Besuchen Sie uns im Internet
www.dk.com

INHALT

EINFÜHRUNG

Es hat mir großen Spaß gemacht, dieses Kochbuch für Anfänger zu schreiben und damit auch zu meinen eigenen Anfängen zurückzukehren. Für unerfahrene Köche kann schon der Blick in ein Kochbuch hoffnungslos entmutigend sein – mit diesem Buch möchte ich den Einstieg ins Kochen so leicht und unkompliziert wie nur irgend möglich gestalten. Es soll Anfänger bei ihren ersten Schritten an Topf und Pfanne begleiten und natürlich Lust am Kochen wecken.

Die zwölf Grundrezepte zu Beginn des Buches sollen einen guten Start ermöglichen. Bei ihrer Zubereitung werden eine Reihe grundlegender Kochfertigkeiten vermittelt. Was muss man beherzigen, damit das Omelett schön locker wird? Wie kocht man eine cremige Suppe? Worauf muss man achten, wenn man ein Kotelett in der Pfanne oder ein Hähnchen im Ofen brät? Wie backt man einen gedeckten Apfelkuchen oder Vollkornbrötchen? Dies und mehr wird leicht verständlich und detailliert erklärt und mit informativen Schritt-für-Schritt-Fotos illustriert. Mit diesen Rezepten können Sie sich getrost an die Arbeit machen und leckere Alltagsgerichte, aber auch das ein oder andere Rezept für besondere Gelegenheiten kochen.

In der »Rezeptsammlung« finden Sie einige meiner Lieblingsrezepte, die hoffentlich auch zu Ihren Favoriten werden. Darunter finden sich bewährte Klassiker im modernem Gewand genauso wie neue, fantasievolle Ideen und Gerichte aus der mediterranen, orientalischen oder asiatischen Küche.

Das nächste Kapitel »Kochtechniken« macht Sie anschließend mit grundlegenden Techniken vertraut – vom Eieraufschlagen über das Kartoffelschälen bis hin zum

Bestimmen der Garzeiten für Fleisch und Geflügel. Sicher finden Sie darunter zahlreiche Tipps und Tricks, die Sie bei Bedarf immer wieder nachschlagen können.

Eine wichtige Voraussetzung für ein ungetrübtes Kochvergnügen ist eine gut gefüllte Vorratskammer. Mein reich bebilderter Führer beschreibt eine Grundauswahl an Zutaten – von Gewürzen, Essig und Öl über Nudeln und Hülsenfrüchte bis hin zu Honig und Konserven. Wer seine Finanzen im Blick behalten muss, kann sich daran orientieren und unnötige Ausgaben vermeiden.

Auch bei der Einrichtung der Küche können nicht alle Kochfreunde finanziell aus dem Vollen schöpfen. Damit Sie ärgerliche Fehlkäufe vermeiden, finden Sie im Kapitel »Geräte« Empfehlungen, welche Geräte sinnvoll und möglichst vielseitig einsetzbar sind und wo es sich lohnt, etwas mehr zu investieren. Warum ein großes Set minderwertiger Messer kaufen, wenn zwei oder drei gute Messer ihren Zweck erfüllen – und zwar für viele Jahre.

Ich wünsche mir, dass Ihnen dieses Buch zu mehr Selbstvertrauen in der Küche verhilft und Ihnen, Ihrer Familie und Ihren Freunden unvergessliche Momente beim gemeinsamen Genießen beschert.

Grundrezepte

In diesem Kapitel finden Sie zwölf Rezepte, die Sie mit einer Reihe wichtiger Kochtechniken vertraut machen sollen und die darüber hinaus sehr vielseitig einsetzbar sind. Mit ihnen können Sie ein schlichtes Abendessen für sich selbst zubereiten, aber auch ein ausgewachsenes Menü für Familie oder Freunde. Jedem Rezept vorangestellt sind detaillierte Informationen über Zutaten, Zubereitung und Arbeitsmethoden. Es folgen eine Nahaufnahme des fertigen Gerichts, dann Fotos mit Erläuterungen, die Sie Schritt für Schritt durch die Zubereitung führen. Folgen Sie ihnen sorgfältig. Wenn Sie ein wenig Erfahrung gewonnen haben, versuchen Sie es mit den vorgeschlagenen Variationen oder fangen Sie an, nach Lust und Laune ein wenig zu improvisieren.

PRAKTISCHE HINWEISE

Vorbereitungszeit
3 Minuten

Zubereitungszeit
1 ¼ – 1 ½ Minuten

Besondere Geräte
beschichtete Pfanne (16 cm Ø und flacher Rand)

Tipps zum Aromatisieren
»Fines herbes« sind eine Mixtur von Kräutern, und zwar zu gleichen Teilen von Petersilie, Schnittlauch, Kerbel und Estragon. Der Schnittlauch wird mit Messer oder Schere in Röllchen geschnitten, der Rest wird fein gehackt.

Technik
Eier aufschlagen: Seite 143
Kräuter hacken und schneiden:
  Seite 215

KLASSISCHES OMELETT

FÜR 1 PERSON

2 große Eier
Salz und frisch gemahlener Pfeffer
1 EL frische Kräuter (»Fines herbes«), gehackt
1 TL Butter

Kaum etwas ist einfacher und rascher zuzubereiten als ein Omelett: Mit wenigen simplen Zutaten kann man aus dem Stand ein feines Essen zaubern. Das klassische französische Omelett kommt ohne Geschmackszutaten aus, doch sind die Möglichkeiten zur Abwandlung und zum Füllen endlos. Hier werden »Fines herbes« zugegeben, eine typisch französische Kombination von Kräutern.

Die richtige Pfannengröße ist wichtig: Für 1 Person soll sie 16 cm Durchmesser haben, geeignet für 2 große oder 3 kleinere Eier. Ist die Pfanne zu groß, wird das Omelett zu dünn und trocken, ist sie zu klein, wird die Unterseite lederartig fest, während die Oberseite noch flüssig ist.

Man verrühre die Eier nur leicht – nicht zu heftig und zu lange schlagen, das bringt Luft in die Masse und macht das Omelett zäh.

Die Pfanne muss sehr heiß werden, damit das Omelett rasch gart und so locker wird, wie es die Franzosen lieben.

Ein Omelett muss ganz frisch gegessen werden. Hat es die Pfanne verlassen, kühlt es rasch aus und bekommt eine gummiartige Konsistenz. Jede Portion sollte sofort nach der Zubereitung serviert und genossen werden.

1 Die Eier in eine kleine Schüssel schlagen und 1 EL Wasser, Salz und Pfeffer nach Geschmack dazugeben. Leicht verrühren, gerade soviel, dass das Eigelb zerläuft und sich mit dem Eiweiß vermischt. Dann die Kräuter unterziehen.

2 Die Pfanne bei hoher Temperatur sehr heiß werden lassen. Die Butter hineingeben. Sie wird rasch aufschäumen. Dann die Pfanne rütteln, bis die Butter den ganzen Boden bedeckt.

5 Das wiederholt man mehrmals, bis die gesamte Eiermasse gestockt ist. Die Oberfläche des Omeletts sollte aber immer noch leicht feucht sein.

6 Die Pfanne schräg halten und ein Drittel des Omeletts mit dem Holzspatel über den Rest klappen. Die Pfanne leicht rütteln, damit das Omelett an den Rand rutscht.

3 Sobald die Butter nicht mehr schäumt – ein leichtes Zischen wird weiter zu hören sein –, gießt man die Eiermischung dazu. Wieder die Pfanne leicht rütteln, damit sie sich über den ganzen Boden verteilt.

4 Nach etwa 10 Sekunden kann man beginnen, die bereits gestockte Eiermasse mit einem Holzspatel vom Rand her zur Mitte zu schieben. Dabei lässt man die noch rohe Eiermasse auf den frei werdenden Pfannenboden fließen.

7 Einen Teller unter die Pfanne halten, dann die Pfanne kippen, sodass das Omelett gewendet wird und auf den Teller gleitet. Die Ränder sollten nicht sichtbar sein.

VARIANTEN

**Brunnenkresse
& Blauschimmelkäse**
Die Kräuter weglassen. Nach Schritt 5 streut man 4 EL gehackte Kresse und 30 g zerkrümelten Roquefort oder anderen Blauschimmelkäse über das Omelett.

Schinken & Greyerzer
Die Kräuter weglassen. Nach Schritt 5 streut man 50 g fein gewürfelten Kochschinken und 30 g geriebenen Greyerzer über das Omelett.

PRAKTISCHE HINWEISE

Vorbereitungszeit
10–15 Minuten für das Gemüse

Zubereitungszeit
30 Minuten

Besondere Geräte
5-Liter-Topf
Pürierstab

Serviertipps
Gekühlte Lauch-Kartoffel-Suppe
ist auch als Vichyssoise bekannt.
Für eine samtweiche Konsistenz
streicht man die Suppe nach dem
Pürieren durch ein feines Sieb;
abkühlen lassen, dann für mindestens 4 Stunden zugedeckt in den
Kühlschrank stellen. Das Kühlen
dämpft die Aromen, die Suppe
deshalb vor dem Servieren noch
einmal mit Salz, Pfeffer, Muskat
und Sahne nach Geschmack
abschmecken. Die klassische
Garnitur für Vichyssoise sind
Schnittlauchröllchen.

Technik
Lauch: Seite 183
Zwiebeln: Seite 182
Hühnerbrühe: Seite 173
Zitronensaft: Seite 200
Kräuter: Seite 215

LAUCH-KARTOFFEL-SUPPE

FÜR 4–6 PERSONEN

3 Stängel Lauch (etwa 250 g)
1 mittelgroße Zwiebel
2 TL Butter
500 g mehlige Kartoffeln
1,2 l Hühnerbrühe
Salz, frisch gemahlener weißer Pfeffer
Muskatnuss
150 g Sahne
1 TL Zitronensaft
2 EL gehackte Petersilie

Eine selbst gekochte Suppe schmeckt um Längen besser
als eine fertig gekaufte, und diese ist rasch und einfach
zu machen. Sie kann auch gut eingefroren werden. Bereiten Sie also mehr zu, als Sie im Moment brauchen. Für ein
Abendessen Brot mit knuspriger Kruste dazu reichen, für
eine elegante Vorspeise rührt man vor dem Servieren ein
wenig Sahne ein.

Wenn möglich, sollte man selbst gemachte Hüherbrühe verwenden, alternativ verwendet man Brühwürfel oder gekörnte Brühe
von guter Qualität. Geflügelfond aus dem Glas ist eine gute, aber
teure Alternative. Auch Gemüsebrühe kann verwendet werden, sie
verleiht der Suppe einen leichteren Charakter.

Damit die Suppe samtig-sahnig wird, lässt man das Gemüse vor
dem Pürieren ganz weich köcheln. Stückchen von nur bissfest
gegartem Gemüse schaden dem Charakter der Suppe.

Verwendet man einen Pürierstab, bereitet man die Suppe in einem
möglichst hohen Topf zu und hält das Püriermesser stets unter
der Oberfläche. So vermeidet man, dass die Suppe aus dem Topf
spritzt. Bei Einsatz eines Mixers lässt man die Suppe erst ein wenig
abkühlen und püriert portionsweise. Ist keines dieser Geräte ver-
fügbar, hängt man ein Sieb in einen großen Topf und streicht die
Suppe mit einem Spatel oder der Rückseite eines Löffels durch.

1 Zuerst den Lauch putzen. Dabei auch einen Teil des Grüns verwenden, das der Suppe eine schöne Farbe verleiht. Die Stangen längs halbieren, dann quer in 5 mm breite Streifen schneiden. Waschen und abtropfen lassen.

2 Die Zwiebel schälen, längs halbieren und in Scheiben schneiden. Die Butter in dem 5-Liter-Topf bei mittlerer Hitze aufschäumen lassen, dann Lauch und Zwiebel hinzugeben.

5 Nach den Kartoffeln die Brühe hinzufügen, dann salzen und pfeffern. Mit Salz sollte man jedoch zurückhaltend umgehen, gegebenenfalls kann man vor dem Servieren nachwürzen.

6 Muskatnuss nach Geschmack mit einer Reibe direkt in die Suppe reiben. Temperatur erhöhen und die Suppe aufkochen lassen; dann bei reduzierter Hitze etwa 10 Minuten zugedeckt köcheln lassen, bis auch die Kartoffeln ganz weich sind.

3 Gut umrühren, damit das gesamte Gemüse von der Butter überzogen wird. Den Topf zudecken und den Inhalt bei mittlerer Hitze etwa 10 Minuten garen. Zwischendurch mehrmals umrühren.

4 Inzwischen die Kartoffeln schälen und in 5 mm dicke Scheiben schneiden. Wenn Lauch und Zwiebel weich sind, die Kartoffelscheiben dazugeben.

7 Den Topf vom Herd ziehen. Mit einem Pürierstab die Suppe 1–2 Minuten pürieren, bis eine feine, homogene Masse entstanden ist. Damit es nicht spritzt, die Püriermesser immer gut unter der Oberfläche halten.

8 Auf mittlerer Hitze die Suppe wieder zum Kochen bringen. Hitzezufuhr abschalten. Erst die Sahne, dann den Zitronensaft unterrühren. Wenn nötig, nachwürzen. Mit Petersilie bestreuen und heiß servieren.

PRAKTISCHE HINWEISE

Vorbereitungszeit
10 Minuten für das Gemüse

Zubereitungszeit
etwa 1 ¼ Stunden

Besondere Geräte
2,5-Liter-Topf für die Sauce
5-Liter-Topf für die Nudeln
Spaghettizange oder -löffel (nicht
  notwendig, aber zum Servieren
  von langen Nudeln sehr hilfreich)

Einkaufstipps
Frischer Parmesan ist teurer als ein
bereits geriebener Käse in Tüten,
aber unendlich viel besser. Kaufen
Sie ihn am Stück und reiben Sie
den Käse nach Bedarf fein oder
grob. Man kann auch mit einem
Schälmesser dünne Scheibchen
abhobeln.

Technik
Sellerie: Seite 185
Zwiebeln: Seite 182
Möhren: Seite 189
Knoblauch: Seite 183
Nudeln: Seite 152

TAGLIATELLE BOLOGNESE

FÜR 4 PERSONEN

1 kleine Stange Sellerie, geputzt
1 mittelgroße Zwiebel, geschält
1 mittelgroße Möhre, geschält
2 große Knoblauchzehen, geschält
2 EL Olivenöl
2 TL Butter
500 g Hackfleisch vom Rind
1 EL Mehl
3 EL Tomatenmark
150 ml Fleischbrühe
150 ml Rotwein
400 g Tomaten, gehackt
Salz, frisch gemahlener Pfeffer
500 g Tagliatelle
Parmesan, frisch gerieben (nach Geschmack)

Die klassische Bolognese, benannt nach der norditalienischen Stadt Bologna, ist eine üppige Sauce auf der Basis von Rinderhackfleisch und dem »Soffritto«, wie die sehr fein gehackte Mixtur aus Zwiebeln, Stangensellerie, Möhren und Knoblauch in Italien heißt. Die Fleischsauce wird traditionell mit Tagliatelle kombiniert, aber auch Spaghetti oder Penne passen gut dazu.

Man verwendet am besten einen hohen, schweren Topf, sodass die Sauce nicht zu rasch eindickt. Der Soffritto wird bei geringer Hitze geschmort. Das ist wichtig, damit das Gemüse seinen vollen Geschmack entfalten kann.

Mit der Kochzeit sollte man nicht knausern. Das Geheimnis einer guten Bolognese ist, dass sie lange vor sich hinköcheln darf. Sollte sich sehr viel Fett an der Oberfläche absetzen, kann man es mit Küchenpapier abtupfen.

1 Eine Selleriestange von der Staude lösen und das Ende abschneiden. Mit einem mittelgroßen Messer Sellerie, Zwiebel und Möhre würfeln. Den Knoblauch durch eine Presse drücken.

2 Das Öl in den 2,5-l-Topf gießen und die Butter zugeben. Alles bei mittlerer Hitze heiß werden lassen, bis die Butter aufschäumt. Dann die Hitze reduzieren.

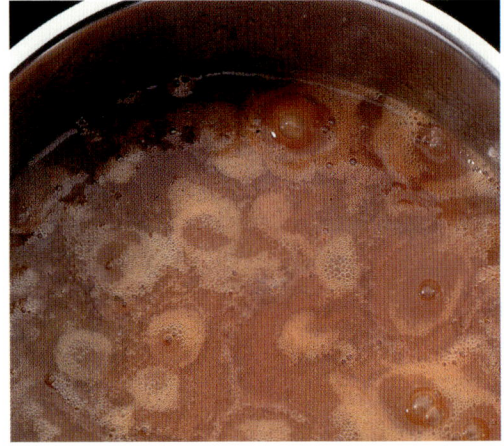

5 Tomatenmark, Fleischbrühe, Rotwein und Tomaten zum Fleisch geben. Mit Salz und Pfeffer würzen.

6 Die Mischung unter Rühren bei großer Hitze zum Kochen bringen, dann Hitze ganz reduzieren, sodass die Sauce nur noch leicht köchelt. Einen Deckel schräg auflegen, damit Dampf entweichen kann.

3 Sellerie, Zwiebel, Möhre und Knoblauch in das heiße Fett geben. Das Gemüse unter häufigem Rühren etwa 5 Minuten schmoren, bis es weich ist; es soll keine Farbe annehmen.

4 Das Fleisch zum Gemüse geben und mit einem Kochlöffel oder Spatel gut zerteilen. Unter häufigem Rühren braten, bis es Farbe annimmt. Das Mehl über das Fleisch stäuben und alles gut vermengen.

7 Die Sauce etwa 1 Stunde köcheln lassen. Alle 5–10 Minuten gut umrühren, damit nichts am Boden ansetzt. Wenn dies doch passiert, etwas Wasser zugeben und gut unterrühren.

8 Die Sauce sollte dickflüssig sein und schön glänzen. Nachwürzen, wenn nötig. Sauce warm halten, während die Nudeln zubereitet werden (siehe Seite 152). Sauce und Nudeln mischen und nach Geschmack Parmesan darüberreiben.

SAUTIERTE LAMMKOTELETTS

FÜR 2 PERSONEN

4 große oder 8 kleine Lammkoteletts
Salz und frisch gemahlener Pfeffer

Zwiebelsauce
1 mittelgroße rote Zwiebel, geschält und sehr fein gewürfelt
100 ml Rotwein
je 1 TL Dijonsenf und flüssiger Honig

In der Pfanne gebratene Lammkoteletts sind ein wun-
derbares Abendessen. Aus dem Bratsaft lässt sich im
Handumdrehen eine aromatische Sauce zaubern. Um den
feinen Geschmack der Lammkoteletts richtig genießen zu
können, sollte man sie sofort servieren, sobald die Sauce
fertig ist.

In einer schweren, beschichteten Pfanne kann das Lammfleisch im
eigenen Saft schmoren, und man benötigt kein zusätzliches Fett.

Fleisch niemals salzen, bevor man es in der Pfanne brät. Das Salz
zieht den Saft aus dem Fleisch und verhindert, dass es richtig
braun wird.

Die Bratzeit ist so bemessen, dass das Fleisch innen noch leicht
rosa ist. Wer es durchgebraten mag, gart es 1–2 Minuten länger,
wer es blutiger bevorzugt, 1 Minute kürzer.

1 Überflüssiges Fett von den Koteletts schneiden. Die Pfanne bei großer Hitze sehr heiß werden lassen. Die Koteletts auf beiden Seiten mit grob gemahlenem Pfeffer bestreuen und in die Pfanne legen.

2 Die Hitze reduzieren und die Koteletts bei mittlerer Temperatur 3 Minuten braten (dazu einen Kurzzeitwecker stellen). Dann umdrehen und auch von dieser Seite 3 Minuten braten. Koteletts herausnehmen und warm stellen.

3 Für die Sauce die Zwiebelwürfel zum Bratsaft in die Pfanne geben. Bei mittlerer Hitze unter Rühren etwa 4 Minuten schmoren, dann Wein, Senf und Honig zufügen und gut unterrühren.

4 Die Sauce etwa 1 Minute einkochen lassen, bis noch etwa 5–6 Esslöffel übrig sind. Mit Salz und Pfeffer abschmecken. Noch einmal mit einem Kochlöffel kurz durchrühren und die Sauce zu den Koteletts servieren.

PRAKTISCHE HINWEISE

Vorbereitungszeit
etwa 15 Minuten

Zubereitungszeit
4–6 Minuten

Besondere Geräte
Wok
Holzspatel (mit zwei Spateln
   lassen sich die Zutaten noch
   leichter und gründlicher rühren)

Einkaufstipps
Frische Ingwerwurzel besitzt
eine leicht bräunliche Haut
und schmeckt scharf, entfernt
nach Zitrone. Man kann unter
unterschiedlich großen Stücken
wählen, von denen man soviel
abbrechen kann, wie man gerade
benötigt. Vor der Verwendung
wird die Ingwerwurzel mit einem
kleinen Messer geschält, dann fein
gehackt oder fein gerieben.

Technik
Nudeln: Seite 153
Möhren: Seite 189
Paprika: Seite 184
Hühnerbrust: Seite 169

INGWERHUHN AUS DEM WOK

FÜR 4 PERSONEN

250 g chinesische Eiernudeln
3 EL Sonnenblumenöl
6 Frühlingszwiebeln, schräg in knapp fingerlange Stücke geschnitten
2,5 cm frische Ingwerwurzel, geschält und in feine Stifte geschnitten
4 mittelgroße Möhren, in dünne Stifte geschnitten
1 rote Paprikaschote, Samen und Scheidewände entfernt, in Streifen
1 gelbe Paprikaschote, Samen und Scheidewände entfernt, in Streifen
350 g Hühnerbrustfilet, in Streifen geschnitten
4 EL dunkle Sojasauce
frisches Koriandergrün zum Garnieren

Die Kunst des Garens im Wok – heute oft als Pfannenrühren bezeichnet – besteht darin, fein geschnittene Zutaten mit ein wenig Öl bei großer Hitze zu braten. Die Hitze sorgt dafür, dass sie in der kürzestmöglichen Zeit garen, was diese Kochmethode wohl zur schnellsten und gesündesten macht. Die klassische chinesische Kombination von Huhn und Ingwer ist wunderbar aromatisch.

Man schneidet die Zutaten in dünne Streifen oder Scheiben, nicht dicker als 5 mm, damit sie rasch und gleichmäßig garen.
Das Brustfilet klopft man ein wenig flacher und schneidet es quer zur Faser in Scheiben und anschließend in Streifen.

Alle Zutaten vorbereiten und in kleinen Schüsseln bereitstellen, bevor man ans Braten geht. Das Braten im Wok geht so schnell vonstatten, dass keine Zeit bleibt fürs Schnippeln und Schneiden.

Wer keinen Wok besitzt, nimmt eine große beschichtete Pfanne mit hohem Rand. Nur mit einem Spatel aus Holz rühren, um Kratzer in der Pfanne zu vermeiden.

Der Wok sollte maximal zu einem Drittel gefüllt sein. Die Zutaten sollen so viel Platz haben, sodass sie an den heißen Seiten des Woks verteilt werden können.

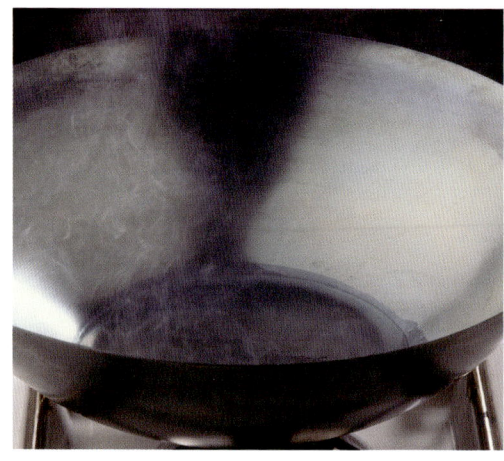

1 Zuerst werden die Nudeln eingeweicht (siehe Seite 153). Den Wok in der Zwischenzeit stark erhitzen. Um die Temperatur zu prüfen, gibt man einen Tropfen Öl hinein – es zischt laut, wenn der Wok zum Braten bereit ist.

2 Das Öl in den Wok gießen. Dann den Wok schwenken, um es gleichmäßig zu verteilen. Das Öl stark erhitzen, bis es gerade zu rauchen beginnt – das geht sehr schnell, also wachsam sein!

5 Das Gemüse zur Seite schieben. Das Hühnerbrustfilet in kleinen Portionen ins Öl geben und die Streifen kurz auf jeder Seite braten. Dann alles vermengen und unter ständigem Rühren noch 1–2 Minuten weiterbraten.

6 Die Sojasauce hinzufügen und gut unter die Gemüse-Fleisch-Mischung rühren.

3 Die Frühlingszwiebeln und den Ingwer ins heiße Öl geben und kräftig anbraten. Mindestens 1 Minute lang rühren; alles sollte gut vom heißen Öl überzogen sein.

4 Frühlingszwiebeln und Ingwer zur Seite schieben. Möhren und Paprika ins Öl geben und für 1–2 Minuten auf dieselbe Weise braten. Dann Frühlingszwiebeln und Ingwer wieder unterrühren.

7 Die abgetropften Nudeln (siehe Seite 153) zu der Mischung im Wok geben und alles mit dem Spatel vermengen. Abschmecken und Sojasauce nach Geschmack zufügen. Koriandergrün darüberstreuen und sofort servieren.

VARIANTEN

Shrimps & Spargel

Möhren, Paprika und Huhn ersetzen durch 200 g grünen Spargel (in Stücken). In Schritt 4 zugeben, in Schritt 7 außerdem 400 g gekochte Shrimps. Alles nur kurz mitgaren.

Rind & Zuckerschoten

Huhn und Nudeln ersetzen durch 350 g dünn aufgeschnittenes Rindersteak. In Schritt 5 zugeben. In Schritt 6 gibt man zusätzlich 100 g Zuckerschoten in den Wok.

PRAKTISCHE HINWEISE

Vorbereitungszeit
5 Minuten

Zubereitungszeit
etwa 6 Minuten

Besondere Geräte
gusseiserne Pfanne oder Platte mit Grillstegen.

Die meisten Pfannen sind nur für 2 große Portionen geeignet; bereiten Sie also nicht mehr auf einmal zu. Wenn die Pfanne zu voll ist, gart das Grillgut nicht richtig. Wer keine entsprechende Pfanne besitzt, kann die Lachsfilets in einer normalen Pfanne oder unter dem Grill braten; die Garzeit bleibt gleich.

Serviertipp
Zitronenschnitze passen ausgezeichnet zu Lachsfilets.

Technik
Lachs: Seite 160

GEGRILLTE LACHSFILETS

FÜR 2 PERSONEN

2 dicke Stücke Lachsfilet mit Haut, je 200 g
2–3 EL Sonnenblumenöl
Salz, frisch gemahlener Pfeffer

Fleisch oder Fisch in einer gusseisernen Grillpfanne zu braten geht rasch und macht Spaß. Auf diese Art gegarte Gerichte sind saftig und fettarm, die natürlichen Aromen bleiben besonders gut erhalten. Das typische Streifenmuster verleiht ihnen außerdem ein attraktives Aussehen. Für perfekte Ergebnisse ist es wichtig, die Garzeiten genau einzuhalten.

Die Pfanne ohne Fett vorheizen. Wird Öl in die noch leere Pfanne gegeben, wird es schnell zu heiß und beginnt zu rauchen. Um zu prüfen, ob die Pfanne heiß genug ist, lässt man einen Tropfen Wasser hineinfallen: Er sollte auf dem Metall tanzen und rasch verdunsten.

Damit die charakteristischen Grillstreifen entstehen, lässt man das Grillgut die ganze Zeit über auf derselben Stelle braten.

Die genannte Garzeit ist für dicke Lachsfilets bemessen. Wenn nur flache Stücke zu bekommen sind, grillt man sie auf jeder Seite nur 2 Minuten lang.

Nach der Zubereitung lässt man die Pfanne abkühlen, bevor man sie abspült. Taucht man sie in kaltes Wasser, solange sie noch sehr heiß ist, kann sie springen. Um die Pfanne auch zwischen den Stegen reinigen zu können, benötigt man eine sehr harte Bürste.

1 Sorgfältig alle Gräten aus dem Lachsfleisch entfernen. Dann das Filet zurechtschneiden, waschen und trocken tupfen (siehe Seite 160). Die leere, trockene Pfanne bei großer Hitze in etwa 5 Minuten sehr heiß werden lassen.

2 Inzwischen die Lachsfilets auf beiden Seiten mit Sonnenblumenöl bepinseln und großzügig mit Salz und Pfeffer bestreuen.

3 Die Hitze auf mittlere Stufe reduzieren. Den Fisch mit der Haut nach oben in die heiße Pfanne legen und 3 Minuten braten. Dann vorsichtig mit einer Bratschaufel wenden.

4 Auf der Hautseite ebenfalls 3 Minuten braten. Prüfen, ob das Fischfleisch an den Schnittkanten nicht mehr transparent ist. Im Zweifelsfall die Filets noch einige Sekunden länger braten.

PRAKTISCHE HINWEISE

Zubereitungszeit
8–10 Minuten

Besondere Geräte
8 Fleischspieße. Metallspieße mit flachen Seiten sind am besten geeignet. Holzspieße vor der Verwendung für etwa 30 Minuten in warmes Wasser legen; das verhindert, dass sie beim Grillen verkohlen.

Einkaufstipps
Halloumi ist ein halbfester griechischer Käse. Seine leicht gummiartige Konsistenz macht ihn zum Grillen ideal, da er nicht zerläuft. Er ist leicht salzig und sollte vor der Zubereitung gewässert werden. Mozzarella ist kein idealer Ersatz, da er sehr weich ist und beim Grillen häufig vom Spieß fällt.

Technik
Paprika: Seite 184
Zucchini: Seite 187
Zwiebeln: Seite 182
Pilze: Seite 188
Kräuter: Seite 215
Knoblauch: Seite183

GEGRILLTE GEMÜSESPIESSE

FÜR 4 PERSONEN

je 1 grüne und 1 rote Paprikaschote
2 mittelgroße Zucchini
1 große Zwiebel
16 große Champignons
8 Maiskölbchen
250 g Halloumi (ersatzweise Mozzarella)
6 EL Olivenöl
1 EL Weinessig
3 EL gehackte Kräuter
2 große Knoblauchzehen, geschält, fein gehackt oder zerdrückt
Salz, frisch gemahlener Pfeffer

Beim Grillen wird das Kochgut außen rasch braun, während das Fleisch innen saftig bleibt. Dies verleiht Gegrilltem sein charakteristisches Aussehen und den leicht rauchigen Geschmack. Eine Marinade verleiht nicht nur zusätzliches Aroma, sie hält auch das Grillgut feucht, was bei dieser Garmethode besonders wichtig ist.

Das Gemüse und den Käse schneidet man in gleich große Stücke, damit alles gleichzeitig gar wird.

Wenn man die Grillpfanne vor dem Braten mit Alufolie auslegt, ist sie nachher leichter zu reinigen. Den Grill immer vorheizen.

1 Die Paprikaschoten und die Zucchini putzen, die Zwiebel schälen (siehe Seite 182–187). Alles in etwa 2,5 cm große Stücke schneiden. Die Pilze und die Maiskölbchen bleiben ganz, der Käse wird in Würfel geschnitten.

2 Olivenöl, Essig, Kräuter und Knoblauch in einer großen Schüssel verrühren. Das Gemüse, den Käse, Salz und Pfeffer dazugeben und gut durchmischen. Die Schüssel zudecken und für 1–4 Stunden kühl stellen.

3 Gemüse- und Käsewürfel abwechselnd auf die Spieße stecken. Den Grill bei hoher Temperatur vorheizen.

4 Die Temperatur reduzieren. Den Grillrost mit etwas Öl einpinseln und die Spieße darauflegen. In etwa 10 cm Abstand von der Heizschlange 8–10 Minuten grillen, zwischendurch zweimal umdrehen.

PRAKTISCHE HINWEISE

Vorbereitungszeit

Bohnen über Nacht einweichen

20 Minuten für die übrigen
  Zutaten

Zubereitungszeit

etwa 1¾ Stunden für die Bohnen

etwa 2 ½ Stunden für das Chili

Besondere Geräte

ofengeeigneter 2,5-Liter-Topf

Serviertipps

Variieren kann man das Chili mit
geriebenem Greyerzer, mittelaltem
Gouda oder Cheddar, mit saurer
Sahne oder Crème fraîche, mit fein
gehackter Zwiebel, gehacktem
Koriandergrün, einer mexikanischen Salsa und gewürfelter
Avocado. Tortilla-Chips oder Tortil-
las sind eine passende Begleitung.

Technik

Bohnenkerne: Seite 157

Fleisch parieren: Seite 176

Zwiebeln: Seite 182

Knoblauch: Seite 183

Chilischoten: Seite 184

Paprika: Seite 184

CHILI CON CARNE

FÜR 4–6 PERSONEN

250 g getrocknete Kidneybohnen

700 g Schmorfleisch vom Rind, in Würfel geschnitten

2 EL Sonnenblumenöl

2 mittelgroße Zwiebeln, geschält und fein gehackt

1 Knoblauchzehe, geschält und zerdrückt

1–2 Chilischoten, die Samen entfernt und in feine Streifen geschnitten

1½ EL Mehl

1 EL Chilipulver (siehe Seite 223)

400 g Tomaten, gehackt

2 EL Tomatenmark

1 Würfel Rinderbrühe (für ½ l Brühe), zerbröselt

Salz, frisch gemahlener Pfeffer

1 große rote Paprikaschote, Samen und Scheidewände entfernt und in
  Würfel geschnitten

Es gibt viele Rezepte für Chili con Carne – dieses ist ein
gutes Basisrezept, das frische Chilischoten und Chilipulver
kombiniert. Bei der Dosierung sollte man Vorsicht walten
lassen. Wenn die Sauce am Ende noch ein wenig Würze
vertragen kann, kann man immer noch einige Tropfen
Tabasco zugeben.

Wenn es schnell gehen muss, greift man auf Bohnen aus der
Dose zurück (2 Dosen à 400 g), die man abgießt, gut abspült und
abtropfen lässt. Die Bohnen dann zusammen mit der Paprikaschote in Schritt 6 zugeben.

Es ist wichtig, dass das Fleisch gut gebräunt wird. Dazu gibt man
das Fleisch in kleinen Portionen in die Pfanne, sodass jedes Stück
genug Platz hat. Gibt man das gesamte Fleisch auf einmal in die
Pfanne, zieht es schnell Saft und kocht, anstatt zu braten.

Das Chili längere Zeit bei niedriger Temperatur vor sich hinköcheln
lassen. So wird das Fleisch schön weich, saftig und aromatisch; ist
die Temperatur zu hoch, kann es zäh werden.

1 Bohnen gut einweichen, dann in reichlich Wasser 10 Minuten sprudelnd kochen und anschließend bei geringer Hitze 1½ Stunden garen (siehe Seite 157). Kalt abschrecken, beiseitestellen. Backofen auf 150 °C (Umluft 140 °C) vorheizen.

2 Das Fleisch von Fett und Sehnen befreien und in kleine Würfel schneiden. Die Hälfte des Öls im Topf erhitzen, bis es zu rauchen beginnt. Dann ein Viertel der Fleischwürfel dazugeben.

5 Mehl und Chilipulver darüberstäuben und alles unter Rühren 2 Minuten schmoren lassen. Bohnen, Tomaten, Fleisch mit dem ausgetretenen Saft, Tomatenmark, 0,4 l Wasser und den Brühwürfel zugeben.

6 Das Chili unter Rühren erhitzen, bis es eben kocht. Würzen, zudecken und in den Ofen stellen. Etwa 1½ Stunden garen, dann die Gewürze und die gewürfelte Paprikaschote zugeben. Weitere 30 Minuten im Ofen schmoren.

3 Das Fleisch bei hoher Temperatur 4–6 Minuten braten, dabei mehrfach wenden. Mit einem Schaumlöffel herausheben und beiseitestellen. Den Rest des Fleisches auf dieselbe Weise braten.

4 Das restliche Öl in den Topf geben und bei mittlerer Temperatur heiß werden lassen. Nun die Zwiebeln, Knoblauch und Chilis hineingeben. Alles 3 Minuten schmoren, dabei ständig rühren, damit sich der Satz vom Boden löst.

7 Vor dem Servieren testen, ob das Fleisch und die Bohnen schön weich sind. Die Sauce abschmecken und gegebenenfalls nachwürzen.

VEGETARISCHES CHILI

1 Anstelle von Fleisch verwendet man 700 g gemischtes Gemüse in Würfeln und 2 Dosen Kidneybohnen (à 400 g). Geeignete Gemüsesorten sind beispielsweise Brokkoli, Paprikaschoten, Auberginen und Zucchini.

2 Das Gemüse mit Zwiebeln, Knoblauch und der Chilischote bei mittlerer Hitze im Sonnenblumenöl schmoren, bis alles weich und leicht gebräunt ist. Mehl und Chilipulver darüberstäuben und wie in Schritt 5 des Rezepts verfahren.

3 Die Kidneybohnen abgießen, gut abspülen und abtropfen lassen. Mit den Tomaten, Tomatenmark, Wasser, einem Gemüsebrühwürfel statt der Rinderbrühe, Salz und Pfeffer zum Gemüse geben und alles ohne Deckel bei niedriger Temperatur 45 Minuten garen.

PRAKTISCHE HINWEISE

Vorbereitungszeit
10 Minuten für die Kräuterbutter
15 Minuten für das Hähnchen
5 Minuten für die Sauce

Zubereitungszeit
1¼–1½ Stunden plus
    15 Minuten zum Ruhenlassen

Besondere Geräte
Bratreine mit Rost.

Während der ersten 20 Minuten
der Garzeit legt man das Hähnchen auf eine Brustseite, dann
für weitere 20 Minuten auf die
andere. Zuletzt wird es auf den
Rücken gewendet.

Technik
Hähnchen vorbereiten: Seite 168
Hähnchen tranchieren: Seite 171
Kräuter: Seite 215
Zitronensaft: Seite 200

BRATHÄHNCHEN MIT KRÄUTERBUTTER

FÜR 4 PERSONEN

1 Hähnchen (1,5–1,8 kg)
1 mittelgroße Zwiebel, ungeschält, in Achtel geschnitten
4 EL Weißwein

Kräuterbutter
75 g weiche Butter
3 EL gehackte Petersilie
1 EL Schnittlauchröllchen
    oder fein gehackte Frühlingszwiebel
1 TL gehackter Estragon oder Thymianblättchen
1 TL Zitronensaft
Salz, frisch gemahlener weißer Pfeffer

Brathähnchen ist wohl das einfachste Bratengericht und sicher auch eines der beliebtesten. Man kann das Hähnchen auf einer Platte servieren und bei Tisch tranchieren oder schon in der Küche zerteilen und auf vorgewärmten Tellern anrichten. Gemüse trägt man getrennt davon auf. Dazu gibt es eine selbst gemachte Bratensauce.

Ein tiefgefrorenes Hähnchen aus der Plastikfolie nehmen und in eine Schüssel legen, dann an einem kühlen Ort über Nacht auftauen. Im Kühlschrank dauert das etwa 36 Stunden. In der Bauchhöhle dürfen keine Eiskristalle mehr vorhanden sein. Das blutige Tauwasser weggießen und das Hähnchen gut abspülen.

Damit die Haut knusprig wird, tupft man das Hähnchen vor dem Braten mit Küchenpapier trocken. Das ist besonders bei einem aufgetauten Vogel wichtig.

Wenn die Haut auf der Brust zu stark zu bräunen droht, deckt man sie mit einem Stück Alufolie ab.

1 Zuerst wird die Kräuterbutter gemacht. Dafür die Butter in eine Schüssel geben und mit einem Kochlöffel verrühren. Die Kräuter (und die Frühlingszwiebel, falls verwendet), Zitronensaft, Salz und Pfeffer hinzufügen.

2 Nun schlägt man die Butter kräftig, damit sich die Zutaten gut und gleichmäßig verbinden. Den Ofen auf 200 °C (Umluft 190 °C) vorheizen.

5 Das Hähnchen auf den Bauch legen und etwa 20 Minuten im Ofen braten. Dann auf den Rücken drehen und mit dem Butter-Bratensaft-Gemisch begießen.

6 Anschließend brät man das Hähnchen weitere 60–70 Minuten. Zuletzt die Garprobe machen: Wenn man mit einem spitzen Messer zwischen Rumpf und Schenkel ins Fleisch sticht, sollte klarer Saft austreten – dann ist der Vogel gar.

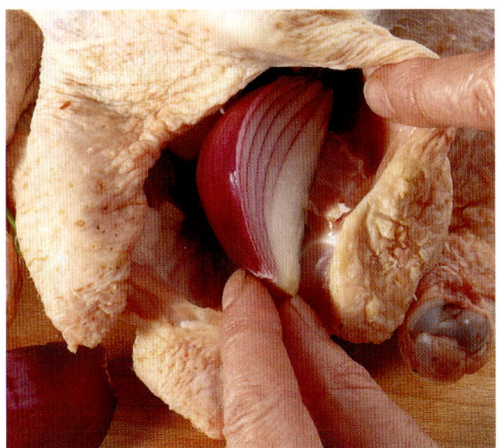

3 Das Hähnchen vorbereiten (siehe Seite 168). Bevor man die Schenkel mit einem Küchenzwirn zusammenbindet, gibt man 2 Achtel der Zwiebel in die Bauchhöhle. Die restlichen Zwiebelstücke gibt man in die Bratreine.

4 Den Rost in die Bratreine und darauf das Hähnchen legen. Den Vogel großzügig ringsum mit der Kräuterbutter bestreichen und den Weißwein in die Reine gießen.

7 Das Hähnchen in einen großen Bogen Alufolie packen und etwa 15 Minuten ruhen lassen. Inzwischen den Rost und die Zwiebeln aus der Reine nehmen und die Sauce zubereiten.

ZUBEREITUNG DER SAUCE

1 Die Reine schräg halten, sodass sich der Bratsaft in einer Ecke sammelt. Den größten Teil des Fetts mit einem Löffel abheben, es wird für die Sauce nicht verwendet. Die Reine auf den Herd stellen.

2 2 TL Mehl über den Bratsaft stäuben und gut verrühren, am besten mit einem flachen Schneebesen. Bei mittlerer Hitze 2–3 Minuten schmoren, bis das Mehl leicht gebräunt ist.

3 Nun 300 ml heiße Brühe zugießen und unter Rühren zum Kochen bringen. Wer mag, rührt 4 EL Weiß- oder Rotwein unter. Noch 10 Minuten köcheln lassen und mit Salz und Pfeffer abschmecken. Ergibt etwa 300 ml Sauce.

PRAKTISCHE HINWEISE

Vorbereitungzeit
10 Minuten für den Teig plus
  30 Minuten zum Kühlen
10 Minuten für die Füllung
15 Minuten für die Fertigstellung

Backzeit
etwa 45 Minuten

Besondere Geräte
Tarteform (23 cm ∅)
Backblech

Kleine Warenkunde
Für diesen Apfelkuchen kann man Tafel- und Kochäpfel verwenden. Unter den Tafeläpfeln sind besonders Granny Smith und Cox Orange geeignet, unter den Kochäpfeln Boskop. Kochäpfel bräunen im Allgemeinen schneller und sind weniger süß als Tafeläpfel. Wenn man frisch zerkleinerte Äpfel mit Zitronensaft beträufelt, werden sie nicht braun, außerdem verbessert die Säure der Zitrone zusätzlich das Aroma.

Technik
Mürbeteig: Seite 204
Äpfel: Seite 197
Zitronensaft: Seite 200

GEDECKTER APFELKUCHEN

FÜR 4–6 PERSONEN

350 g Mehl
175 g Butter oder Margarine plus etwas zum Fetten der Form
1 kg Äpfel
Saft von 1 kleinen Zitrone
75 g Zucker
1½ EL Stärkemehl

Glasur
1 EL Milch
1 EL Zucker

Ein traditioneller Apfelkuchen ist ein perfekter Nachtisch für ein besonderes Mahl. Er kommt immer gut an und ist auch für Anfänger leicht zu backen. Sein Geheimnis: eine knusprige, goldgelbe Teigkruste außen, innen saftigzarte Früchte.

Um eine leichte, mürbe Teighülle zu bekommen, arbeitet man mit kalten Zutaten und Geräten in einer nicht zu warmen Küche.

Nur so viel Zucker wie angegeben verwenden; wenn nötig, kann man noch bei Tisch nachzuckern. Zucker entzieht den Früchten Saft, zu viel davon kann beim Backen für eine Überschwemmung sorgen, und die Flüssigkeit kann im Backofen festkleben oder verbrennen. Das Stärkemehl soll überschüssigen Saft binden.

Darauf achten, dass man den Teig beim Ausrollen nicht gewaltsam auseinanderzieht, sonst schrumpft er beim Backen wieder.

Am besten schiebt man schon während des Vorheizens ein Backblech in den Ofen. Es gibt während des Backens die Hitze an die Backform ab, was für einen knusprigen Teig sorgt. Außerdem fängt es eventuell austretenden Saft auf.

Den Kuchen zunächst bei hoher Temperatur backen, damit der Teig gut bräunt; die Füllung gart anschließend bei geringerer Hitze.

1 Den Mürbeteig aus Mehl, Butter oder Margarine und 6 EL kaltem Wasser herstellen (siehe Seite 45 und Seite 204 ff.). Den fertigen Teig zur Kugel rollen, in Frischhaltefolie packen und 30 Minuten kühl stellen.

2 Etwas Mehl auf die Arbeitsfläche streuen. Den Teig aus der Folie nehmen und zweiteilen; eine Hälfte wird wieder eingepackt. Die andere Hälfte behutsam kneten, bis der Teig etwas weicher geworden ist.

5 Mit bemehlten Händen die Teigplatte zur Hälfte zusammenklappen, dann noch einmal zu einem Viertelkreis. So lässt sie sich leichter in die Form geben.

6 Die Form mit weicher Butter oder Margarine ausstreichen. Den Teig so in der Form platzieren, dass die Spitze in der Mitte liegt. Dann hat er die richtige Position und muss nicht hin und her gezogen werden.

3 Das Nudelholz mit Mehl bestäuben, den Teig damit flach drücken und ihn dann, immer von der Mitte nach außen, schrittweise zu einer runden Platte von etwa 35 cm Durchmesser ausrollen.

4 Die Platte zwischendurch drehen und mit Mehl bestäuben, wenn die Oberfläche klebrig wird. Den Teig nicht auseinanderziehen und auch nicht umdrehen.

MÜRBETEIG HERSTELLEN

1 Das Mehl in eine große Schüssel geben, dann Butter- oder Margarinewürfel dazu- geben.

2 Butter oder Margarine und Mehl mit den Fingerspitzen rasch zu einer bröseligen Masse vermengen.

3 Wasser zugeben und untermengen, bis die Masse zusammenzuhalten beginnt.

4 Den Teig zu einer Kugel formen und mehrmals gegen den Schüsselrand drücken.

7 Den Teig auseinanderklappen und leicht in die Form drücken, ohne zu ziehen. Es macht nichts, wenn Teig über den Rand hängt, er wird später abgeschnitten.

1 Das Backblech in den Ofen schieben und diesen auf 220 °C (Umluft 200 °C) vorheizen. Dann die Äpfel schälen, entkernen und längs in dünne Scheiben schneiden. Sofort in Zitronensaft schwenken, in Zucker und Stärkemehl wenden.

2 Die Äpfel auf den Teig geben, dabei mit einer Gabel gleichmäßig verteilen. In der Mitte soll ein kleiner Berg entstehen. Den Teigrand mit Milch einpinseln.

5 Für einen hübschen Rand mit einem Messer den Teig einschneiden, dann mit den Fingern Wellen in den Rand drücken. Oberfläche mit Milch bestreichen und in die Mitte ein 1 cm großes Loch schneiden.

6 Die Teigreste kurz zusammenkneten und ausrollen. Dekorative Formen ausschneiden (beispielsweise Blätter) und auf die Platte legen, wobei ein Loch in der Mitte offen bleibt. Ebenfalls mit Milch bestreichen und mit Zucker bestreuen.

3 Die zweite Teighälfte ausrollen. Diesmal kann der Durchmesser ein wenig kleiner ausfallen. Wie beim ersten Teig zweimal falten und wieder mit der Spitze in der Mitte auf die Äpfel legen.

4 Den Teig auseinanderfalten und die Ränder der beiden Teigplatten ringsum mit dem Daumen leicht zusammenpressen. Den überstehenden Teig abschneiden, wobei man das Messer leicht schräg hält.

7 Zuerst 15 Minuten backen, dann die Hitze auf 180 °C (Umluft 160 °C) reduzieren und weitere 30–35 Minuten backen. Der Teig soll goldgelb und die Füllung weich sein.

VARIANTEN

Rhabarber & Orange
Äpfel weglassen. 1 kg Rhabarber putzen und in 2–3 cm lange Stücke schneiden. Die geriebene Schale einer unbehandelten Orange wie in Schritt 1 mit Zucker und Stärkemehl mischen.

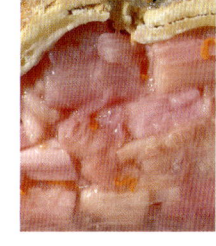

Pfirsich & Mandeln
Statt Äpfeln Pfirsiche verwenden (2 Dosen à 400 g, abgetropft) und wie in Schritt 1 mit Zucker, Stärke und ½ TL Mandelextrakt vermengen.

PRAKTISCHE HINWEISE

Vorbereitungszeit
10 Minuten für den Teig und
  die Vorbereitung der Formen
5 Minuten zum Fertigstellen

Backzeit
20–30 Minuten

Besondere Geräte
2 Springformen (20 cm ∅),
elektrisches Handrührgerät

Technik
Eier: Seite 143

ENGLISCHER RÜHRKUCHEN

FÜR 8 STÜCKE

250 g weiche Butter plus etwas zum Fetten der Formen
250 g Puderzucker
250 g Mehl
1 TL Backpulver
1 Prise Salz
4 große Eier
6 EL Himbeer- oder Erdbeerkonfitüre
Puderzucker

Nichts geht über einen selbst gebackenen Kuchen. Kein Wunder – schon beim Backen erfüllt ein unwiderstehlicher Duft die Küche. Ein klassischer Rührkuchen ist der britische Victoriakuchen – benannt nach Königin Victoria, die ihn zum Tee bevorzugte. Er schmeckt wunderbar, gelingt immer und ist vielfältig variierbar.

Aus einer Springform den Boden herausnehmen und mit seiner Hilfe zwei Kreise auf Backpapier zeichnen, dann ausschneiden. Die beiden Formen mit Butter ausstreichen, auch den Rand. Eine Fettschicht ist nötig, damit der Kuchen richtig aufgeht.

Butter und Margarine sind für dieses Rezept gleichermaßen geeignet. Allerdings sollte man auf Halbfettmargarine verzichten, deren Wassergehalt zu hoch ist.

Die angegebene Menge Backpulver lässt die Kuchen gut aufgehen, sodass der Teig nicht lange geschlagen werden muss. Am besten verrührt man die Teigzutaten mit einem elektrischen Handrührgerät, aber auch mit einem Kochlöffel erzielt man ein gutes Resultat, wenn Butter oder Margarine Raumtemperatur haben.

Die angegebene Backzeit ist nur ein Anhaltspunkt; je nach Material der Formen und Qualität des Backofens kann sie deutlich variieren. Also den Kuchen nach der minimalen Backzeit prüfen; wenn er goldbraun ist, in der Mitte aber noch nachgibt, mit Alufolie bedecken und noch 5–10 Minuten backen.

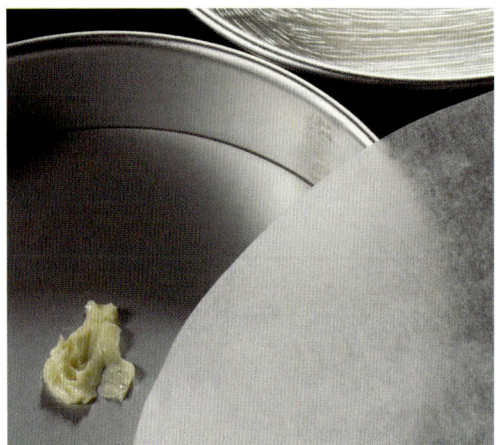

1 Den Backofen auf 180°C (Umluft 160°C) vorheizen. Die Springformen mit Butter oder Margarine ausstreichen, in jede einen Kreis aus Backpapier legen und auch diesen fetten.

2 Die Butter in eine große Schüssel geben, gefolgt von Puderzucker, Mehl, Backpulver und Salz. Die Eier aufschlagen und ebenfalls hinzufügen.

5 Die Kuchen sind fertig, wenn sie goldgelb und gut aufgegangen sind. Die Oberfläche sollte fest, aber doch elastisch sein und bei Druck nachgeben. Die Kuchen etwa 5 Minuten abkühlen lassen und den Rand mit einem Messer ablösen.

6 Den Rand der Springformen abnehmen, die Kuchen auf Teller stürzen und vorsichtig die Böden entfernen. Wieder umdrehen und auf Kuchengittern auskühlen lassen. Die Konfitüre mit einem Löffel glatt rühren.

3 Mit dem Handrührgerät bei niedriger Geschwindigkeit alles in 2 Minuten zu einer homogenen Masse verrühren. Der Teig sollte so dickflüssig sein, der er von den Schlagbesen tropft, wenn man sie herauszieht.

4 Den Teig gleichmäßig in den beiden vorbereiteten Springformen verteilen und die Oberfläche mit einem Spatel glatt streichen. Auf der mittleren Schiene im Ofen 20–30 Minuten backen.

7 Wenn die Kuchen ausgekühlt sind, das Backpapier abziehen. Einen Boden mit der Oberseite nach unten auf eine Platte legen und dick mit Konfitüre bestreichen. Den anderen Kuchen darauflegen und mit Puderzucker bestäuben.

VARIANTEN

Zitronenkuchen
Die Schale einer unbehandelten Zitrone abreiben und in Schritt 2 zum Teig geben. Für die Füllung 150 g Sahne steif schlagen und mit 4 EL Lemon Curd (in gut sortierten Supermärkten) verrühren.

Schokoladenkuchen
2 EL Kakaopulver mit 3 EL heißem Wasser verrühren und in Schritt 2 zugeben. Für die Füllung 150 g Bitterschokolade (60 %) in 150 g Crème double schmelzen und abkühlen lassen.

VOLLKORNBRÖTCHEN

FÜR 8 BRÖTCHEN

500 g Weizenvollkornmehl (oder Weizenmehl Type 1600)
2 TL Salz
1 Päckchen (7 g) Trockenhefe
2 EL Honig
3 EL Sonnenblumenöl
125 g Sonnenblumenkerne
25 g Mohnsamen
25 g Sesamsamen

**Noch nie Brot gebacken? Kein Problem, denn mit diesem
Rezept kann nichts schiefgehen. Hier wird Trockenhefe
verwendet, die für einen Kochlehrling leichter zu handhaben ist als frische Hefe – und außerdem geht es damit
schneller.**

Am wichtigsten ist es, ein Mehl zu verwenden (bei Weizen ab Type
550 aufwärts), das viel Gluten enthält; es macht den Teig elastisch.

Das Wasser darf nur knapp handwarm sein; zu warmes Wasser
(über 40 °C) tötet die Hefe ab. Eine Mischung aus heißem und kaltem Wasser zu gleichen Teilen ist ideal.

Der Teig muss gründlich geknetet werden, von Hand oder in einer
Küchenmaschine. Er sollte klebrig-zäh werden; ist er zu trocken,
wird auch das Brot trocken.

Brotteig geht bei jeder Temperatur auf. Je kälter er ist, desto länger braucht er jedoch. Ideal ist eine Temperatur von 25 °C, etwa
in einer warmen Küche. Wichtig ist auch, dass der Ofen sehr heiß
ist. Er sollte auf 230 °C (Umluft 220 °C) vorgeheizt werden.

Man achte darauf, dass das Brot durchgebacken ist. Zur Prüfung
aus der Form nehmen und auf die Unterseite klopfen: Es sollte
hohl klingen. Sonst kommt das Brot noch einige Minuten, mit der
Oberseite nach unten, in den Ofen.

1 Mehl, Salz und Hefe in eine große Schüssel geben. 300 ml lauwarmes Wasser mit dem Honig und 2 EL Sonnenblumenöl vermischen und zu den trockenen Zutaten gießen.

2 Alle Zutaten zu einem weichen Teig verrühren. Er sollte so feucht sein, dass er an den Schüsselwänden klebt. Wenn nötig, noch Wasser zugießen. Den Teig auf eine leicht bemehlte Arbeitsfläche geben.

5 Den Teig im Öl wenden. Die Schüssel mit Frischhaltefolie dicht verschließen und den Teig an einem warmen Ort 1½ Stunden gehen lassen. Er sollte sein Volumen verdoppeln.

6 Dann den Teig auf die Arbeitsfläche kippen und flach klopfen. Mit 100 g Sonnenblumenkernen bestreuen, dann nochmals sehr gut durchkneten. Zu einer runden Platte formen und in 8 Stücke schneiden; diese zu Kugeln rollen.

3 Den Teig 10 Minuten lang kräftig kneten: Mit dem Handballen – unterstützt durch das Gewicht des Körpers – auf die Arbeitsfläche und von sich wegdrücken.

4 Das flach gedrückte Ende über den Rest des Teigs klappen und den Teig dann um 90° drehen. Das wiederholt man mehrfach. Eine große Schüssel mit etwas Öl auspinseln.

7 3 Kugeln in den Mohnsamen, je 2 Kugeln in den Sesamsamen und den Sonnenblumenkernen, 1 Kugel in Vollkornmehl wenden. Die Form fetten, Kugeln hineinsetzen und 35–40 Minuten gehen lassen. Backofen vorheizen (siehe Seite 249).

8 Die Brötchen 10 Minuten backen, dann die Hitze auf 200 ˚C (Umluft 190 ˚C) reduzieren und weitere 20 Minuten backen. Die Brötchen aus der Form nehmen und den Klopftest machen. Auf einem Gitter auskühlen lassen.

Rezeptsammlung

Jeder Koch braucht eine Sammlung bewährter
Rezepte, auf die er immer zurückgreifen kann.
In diesem Kapitel finden Sie genau diese, für ein
großes Spektrum an Gerichten: Suppen für jeden
Tag, Eierspeisen und Nudeln, Hauptgerichte mit
Fleisch, Fisch und Geflügel, Vegetarisches, fruchtige
Desserts und Ihren Lieblingspudding, aber auch
feine Kleinigkeiten zum Kaffee wie Muffins und
Schokokekse. Alle Rezepte sind leicht umzusetzen;
schließlich haben Sie im Klassiker-Kapitel bereits
die nötigen Fertigkeiten erworben. So kann eigent-
lich gar nichts mehr schiefgehen.
Im Laufe der weiteren Arbeit mit diesen Rezepten
werden Sie zunehmend Sicherheit gewinnen,
sodass Sie mit eigenen Ideen experimentieren und
Ihren eigenen kulinarischen Stil entwickeln können.

EIERSPEISEN

Für ein leichtes Mittag- oder Abendessen, für rasch zubereitete Vorspeisen und für einen schnellen Imbiss sind Eier immer eine ideale Basis. Diese Rezepte sind allesamt für Anfänger bestens geeignet.

FÜR 4–6 PERSONEN

40 g Butter
300 g Blattspinat, gewaschen
  und abgetropft
200 g Champignons, geputzt und
  in Scheiben geschnitten
1 große Knoblauchzehe, geschält
  und zerdrückt
2 große Eier
250 g Sahne
2 TL Zitronensaft
Salz, frisch gemahlener Pfeffer
Mürbeteigboden (20 cm Ø), vorge-
  backen (siehe Seite 204–207)

SPINAT-PILZ-QUICHE

1 Den Backofen auf 180 °C (Umluft 170 °C) vorheizen. Die Hälfte der Butter in einer großen beschichteten Pfanne bei großer Hitze zergehen lassen. Den Spinat zugeben und unter Rühren schmoren, bis er zusammengefallen ist. In einer Schüssel abkühlen lassen.

2 In derselben Pfanne die restliche Butter schmelzen und darin die Pilze mit dem Knoblauch bei mittlerer Hitze 2–3 Minuten unter Rühren anbraten. Zum Spinat geben und abkühlen lassen.

3 Eier, Sahne und Zitronensaft miteinander verrühren und die Mischung mit der Spinat-Pilz-Masse vermengen. Salzen und pfeffern, dann auf dem vorgebackenen Mürbeteigboden verteilen. 25–30 Minuten backen, bis die Quiche leicht gebräunt ist. Warm servieren.

QUICHE LORRAINE

FÜR 6 PERSONEN

175 g durchwachsener
  Bauchspeck, ohne Schwarte,
  fein gewürfelt
Mürbeteigboden (20 cm ⌀), vorge-
  backen (siehe Seite 204–207)
1 mittelgroße Zwiebel, geschält
  und fein gewürfelt
125 g Gruyère, grob gerieben
2 große Eier
250 g Sahne
Salz, frisch gemahlener Pfeffer

1 Den Backofen auf 180 °C (Umluft 170 °C) vorheizen. Den Speck in einer beschichteten Pfanne bei mittlerer Hitze in etwa 10 Minuten knusprig braten und auf dem Mürbeteigboden verteilen. Das Bratfett bleibt in der Pfanne.

2 Die Zwiebelwürfel in die Pfanne geben und bei mittlerer Hitze in etwa 8 Minuten unter Rühren goldgelb schmoren. Ebenfalls auf dem Boden verteilen, dann den Käse darüberstreuen.

3 Die Eier mit Sahne, Salz und Pfeffer verrühren und die Mischung auf den Mürbeteigboden gießen. 25–30 Minuten backen, bis die Quiche fest und goldbraun ist. Aus der Form heben und auf einem Gitter kurz abkühlen lassen. Warm servieren.

EIER AUFSCHLAGEN & TRENNEN

Das Ei möglichst immer in der Mitte aufschlagen, damit beide Hälften gleich groß werden. Mehr zum Thema Ei auf Seite 143.

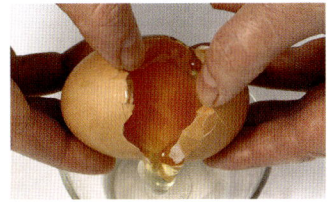

Ei auf einen Schüsselrand schlagen und mit den Daumen auseinanderbrechen.

Zum Trennen das Eigelb in einer Hälfte lassen und das Eiweiß abgießen.

CRÊPES SUZETTE

FÜR 4 PERSONEN

8 dünne Pfannkuchen
  (16 cm Ø; siehe Seite 148/149)

SAUCE

Saft von 2 Orangen
125 g Butter
60 g Zucker
4 EL Orangenlikör oder Weinbrand

1 Für die Sauce Orangensaft mit Butter und Zucker in eine große beschichtete Pfanne geben. Bei mittlerer Hitze aufkochen, dann bei reduzierter Hitze 5 Minuten sanft köcheln lassen.

2 Einen Pfannkuchen in die Sauce legen und einmal wenden, damit er rundum mit Sauce überzogen wird. Zweimal zusammenfalten, sodass ein Viertelkreis entsteht. Den Pfannkuchen aus der Pfanne heben.

3 Genauso mit den übrigen Pfannkuchen verfahren.

4 Die Pfannkuchen auf einer Platte anrichten, mit Likör oder Weinbrand beträufeln. Sofort servieren.

APFELPFANNKUCHEN

FÜR 4 PERSONEN

75 g Butter
abgeriebene Schale von
  1 unbehandelten Zitrone
Saft von ½ Zitrone
500 g Äpfel
50 g Demerarazucker
8 dünne Pfannkuchen
  (22 cm Ø; siehe Seite 148/149)

1 In einer großen beschichteten Pfanne mit hohem Rand 25 g Butter bei geringer Hitze schmelzen. Zitronenschale und -saft gut unter die Butter rühren, dann Pfanne vom Herd nehmen.

2 Die Äpfel vorbereiten: Schälen, vierteln, Kerngehäuse entfernen. Die Viertel in Scheiben schneiden und in die Zitronenbutter geben. Vorsichtig vermischen.

3 Die Pfanne wieder auf den Herd stellen und die Äpfel bei geringer Hitze in 5–10 Minuten weich werden lassen, ohne dass sie zerfallen. Vom Herd nehmen und vorsichtig die Hälfte des Zuckers untermischen.

4 Den Backofen auf 200 °C (Umluft 190 °C) vorheizen. Auf jeden Pfannkuchen ein Achtel der Äpfel geben und die Ränder über die Füllung schlagen, sodass quadratische Päckchen entstehen. Die Päckchen mit der Nahtseite nach unten in eine gebutterte Auflaufform setzen.

5 Die restliche Butter zerlassen und damit die Pfannkuchenpäckchen bepinseln, dann den restlichen Zucker darüberstreuen. Im Ofen 20 Minuten backen. Heiß servieren. Dazu passen Vanilleeis oder Schlagsahne.

KÄSESOUFFLÉS

FÜR 4 PERSONEN

Butter für die Formen
50 g Butter
50 g Mehl
300 ml Milch, erhitzt
150 g Greyerzer, mittelalter Gouda
oder Cheddar, gerieben
1 TL Dijonsenf
Salz, frisch gemahlener Pfeffer
4 große Eier, getrennt

Wer mag, kann statt mehreren kleinen Portionen auch ein großes Soufflé backen. Dafür nimmt man eine 600-ml-Form und gart es in etwa 30 Minuten.

1 Den Backofen auf 180 °C (Umluft 170 °C) vorheizen. 4 kleine Souffléformen (150 ml) mit Butter ausstreichen.

2 Die Butter in einem Stieltopf bei mittlerer Hitze schmelzen lassen, das Mehl einstreuen und alles mit dem Schneebesen 1–2 Minuten rühren. Den Topf vom Herd nehmen und mit dem Schneebesen langsam die heiße Milch unterrühren. Den Topf wieder auf den Herd stellen und die Sauce unter ständigem Rühren erhitzen, bis sie aufkocht und eindickt. Wieder vom Herd nehmen, den Käse zugeben und alles so lange rühren, bis der Käse geschmolzen ist. Zuletzt mit Senf, Salz und Pfeffer würzen.

3 Die Sauce abkühlen lassen, dann die Eigelbe in die handwarme Flüssigkeit einrühren. Die Eiweiße in einer großen Schüssel mit einem elektrischen Handrührgerät steif schlagen. Vom Eiweiß 2 gehäufte EL unter die Sauce heben, dann vorsichtig, aber gründlich den Rest mit dem Schneebesen unterziehen.

4 Die Masse auf die Förmchen verteilen und die Soufflés etwa 15 Minuten backen. Sie sollen schön aufgehen und goldbraun werden. Sofort servieren.

FÜR 4–6 PERSONEN

8 große Eier

150 g Sahne

50 g Cheddar oder mittelalter
  Gouda, gerieben

25 g Parmesan, gerieben

2 EL gehackte Kräuter

Salz, frisch gemahlener Pfeffer

2 EL Olivenöl

KRÄUTER-FRITTATA

Eine Frittata ist ein Omelett nach italienischer Art, das im Ofen gebacken wird. Verwenden Sie eine ofenfeste Pfanne oder eine Auflaufform aus Glas oder Keramik.

1 Den Backofen auf 180 °C (Umluft 160 °C) vorheizen. Die Eier mit der Sahne, den beiden Käsesorten, Kräutern, Salz und Pfeffer verrühren.

2 Das Öl in einer beschichteten Pfanne (24 cm ∅) bei mittlerer Hitze heiß werden lassen. Die Eiermasse hineingießen und in der Pfanne verteilen.

3 Die Pfanne auf der mittleren Schiene im Backofen etwa 20 Minuten backen. In der Mitte soll die Frittata gerade fest sein.

4 Eine angewärmte Platte umgekehrt über die Pfanne legen und beides zusammen rasch umdrehen, sodass die Frittata auf der Platte zu liegen kommt. Eine Frittata schmeckt heiß, warm und kalt gleichermaßen gut.

FÜR 4–6 PERSONEN

500 g mittelgroße Kartoffeln, geschält

1 große Zwiebel, geschält und grob gewürfelt

Salz, frisch gemahlener Pfeffer

5 EL Olivenöl

5 große Eier, verrührt

SPANISCHES OMELETT

Dieses dicke Kartoffelomelett nennen die Spanier Tortilla.

1 Die rohen Kartoffeln in 3–5 mm dicke Scheiben schneiden. In einer großen Schüssel die Kartoffelscheiben mit Zwiebeln, Salz und Pfeffer gut vermischen.

2 In einer beschichteten Pfanne (24 cm Ø) 3 EL Öl erhitzen. Kartoffel-Zwiebel-Mischung darin verteilen. Die Pfanne mit einem Deckel verschließen. Die Kartoffeln bei geringer Hitze etwa 15 Minuten lang schmoren, dabei immer wieder vorsichtig wenden. Die Kartoffeln sollen weich werden, aber keine Farbe annehmen.

3 Das restliche Öl in die Pfanne geben. Hitze reduzieren. Die verrührten Eier über die Kartoffeln gießen, mit Salz und Pfeffer würzen. Die Pfanne rütteln, damit sich die Kartoffelscheiben gleichmäßig verteilen.

4 Die Tortilla etwa 10 Minuten backen. Sie soll am Boden fest, an der Oberfläche aber noch leicht flüssig sein. Während die Tortilla gart, einen Grill auf mittlerer Stufe vorheizen.

5 Die Pfanne unter den Grill stellen und die Tortilla 1–2 Minuten überbacken, bis die Oberfläche fest und goldgelb ist. Die Tortilla schmeckt heiß, warm oder kalt.

FÜR 4 PERSONEN

6 große Eier
60–70 g Rucola (Rauke), gewaschen und trocken geschleudert
1–2 EL Vinaigrette
(siehe Seite 211)

SAUCE

200 g Crème légère
oder Joghurt
200 ml Salatmayonnaise
1 EL Zitronensaft
½ TL feiner Zucker
4 EL gehackte Kräuter (Petersilie,
Minze, Basilikum und Estragon)
Salz, frisch gemahlener Pfeffer

EIER MIT RUCOLA UND KRÄUTERMAYONNAISE

Dies ist eine kalorienreduzierte Version des klassischen Rezepts. Die Sauce kann gut einige Stunden zuvor zubereitet und im Kühlschrank aufbewahrt werden.

1 Für die Sauce alle Zutaten gut vermischen und zum Schluss noch einmal abschmecken. Abdecken und kühl stellen.

2 Die Eier in etwa 9 Minuten hart kochen, abkühlen lassen, schälen und halbieren.

3 Unmittelbar vor dem Servieren die Rucolablätter auf einer Platte verteilen und gleichmäßig mit der Vinaigrette beträufeln.

4 Die Eierhälften auf dem Rucola dekorativ anordnen und die Sauce löffelweise darübergeben. Pro Person 3 Eierhälften servieren.

FÜR 4 PERSONEN

4 EL Olivenöl

1 große Zwiebel, geschält und
fein gewürfelt

3 mittelgroße Paprikaschoten
(grün, gelb und rot), die Samen
entfernt und in schmale
Streifen geschnitten

2 Knoblauchzehen, geschält
und zerdrückt

½ kleine Chilischote, die Samen
entfernt und fein gehackt

4 mittelgroße Tomaten, die Samen
entfernt und gehackt

Salz, frisch gemahlener Pfeffer

8 große Eier

RÜHREIER MIT PIKANTEM PAPRIKAGEMÜSE

1 In einer hohen Pfanne 2 EL Olivenöl erhitzen. Die Zwiebel hineingeben und bei mittlerer Hitze etwa 5 Minuten schmoren, dabei ab und zu umrühren. Die Paprika, den Knoblauch und die gehackte Chilischote hinzufügen und alles gut vermischen. Die Pfanne zudecken und das Gemüse etwa 10 Minuten bei geringer Hitze garen; es soll fast weich sein. Beiseitestellen. Die Tomaten unterrühren und das Ganze mit Salz und Pfeffer abschmecken.

2 Die Eier aufschlagen und in eine Schüssel geben. Mit Salz und Pfeffer würzen und alles mit einer Gabel gut verrühren. Die restlichen 2 EL Öl in einer beschichteten Pfanne bei mittlerer Hitze heiß werden lassen. Die Eiermasse hineingießen.

3 Die Eier 3 Minuten stocken lassen, dann die Eiermasse mit einem Pfannenwender vom Boden lösen und leicht hin und her schieben. Nicht zu lange garen – die Rühreier sollen noch leicht feucht sein, nicht fest und trocken.

4 Die Paprikamasse über den Rühreiern verteilen. Sofort servieren.

SUPPEN

Diese Suppen – die einen leicht und elegant, die anderen herzhaft – sind ganz einfach zuzubereiten. Sie können als Vorspeise serviert werden oder mit Brot als Hauptgang.

FÜR 4–6 PERSONEN

50 g Butter

300 g Kartoffeln, geschält
  und grob gewürfelt

1 große Zwiebel, geschält
  und fein gewürfelt

500 ml Hühnerbrühe

Salz, frisch gemahlener Pfeffer

200 g Brunnenkresse, gewaschen
  und klein geschnitten

500 ml Milch

1–2 EL Zitronensaft

4 EL Sahne (flüssig oder
  steif geschlagen)

BRUNNENKRESSESUPPE

1 Die Butter in einem großen Topf schmelzen lassen. Die Kartoffelwürfel und die Zwiebel zugeben, alles gut vermischen. Topf mit einem Deckel dicht verschließen. Bei geringer Hitze 15 Minuten dünsten, dabei ab und zu umrühren.

2 Die Brühe zugießen und rasch zum Kochen bringen. Salzen und pfeffern, die Hitze wieder reduzieren. Etwa 10 Minuten sanft köcheln lassen. Die Kartoffeln sollen sehr weich werden.

3 Den Topf vom Herd nehmen und die Brunnenkresse zur Suppe geben. Mit einem Stabmixer in etwa 1 Minute alles sehr fein pürieren. Dabei das Püriermesser immer gut unter der Oberfläche halten, damit die Flüssigkeit nicht spritzt.

4 Die Milch unterrühren und die Suppe bei mittlerer Hitze kurz aufkochen lassen.

5 Mit Zitronensaft, Salz und Pfeffer abschmecken.

6 Die Suppe auf vorgewärmte Teller verteilen. Jeweils 1 EL Sahne in die Mitte setzen und ein wenig einrühren. Sofort servieren.

VARIANTE: SPINATSUPPE

Die Brunnenkresse durch dieselbe Menge Blattspinat ersetzen. Vom Spinat vor dem Zerkleinern die Stiele entfernen. Zitronensaft weglassen, dafür in Schritt 5 ein wenig geriebene Muskatnuss zugeben.

FÜR 4 PERSONEN

1 Stange Sellerie, geputzt,
  Blätter gehackt
50 g Butter
1 große Zwiebel, geschält und
  klein gewürfelt
1 Gemüsebrühwürfel
  (für ½ l Suppe)
25 g Mehl
Salz, frisch gemahlener Pfeffer
450 ml Milch

KÄSECREME

50 g Blauschimmelkäse
150 g Crème légère

SELLERIESUPPE MIT BLAUSCHIMMELKÄSECREME

1 Die Selleriestange in 5 mm dicke Scheibchen schneiden. Butter in einem großen Topf erhitzen, Sellerie und Zwiebel zugeben und gut umrühren. Den Topf mit dem Deckel verschließen und alles bei niedriger Temperatur 15 Minuten köcheln; dabei ab und zu umrühren.

2 Den Brühwürfel in 400 ml heißem Wasser auflösen. Sellerie und Zwiebel mit dem Mehl bestauben, gut umrühren. Die Brühe zugießen und alles bei starker Hitze und unter ständigem Rühren zum Kochen bringen. Salzen und pfeffern, bei niedrigster Temperatur etwa 10 Minuten köcheln lassen, bis der Sellerie sehr weich ist.

3 Den Topf vom Herd nehmen. Mit einem Stabmixer alles sehr fein pürieren; das dauert etwa 1 Minute. Das Püriermesser immer gut unter der Oberfläche halten, damit die Flüssigkeit nicht spritzt.

4 Die Temperatur wieder etwas erhöhen und die Milch unter die Suppe rühren. Kurz aufkochen lassen und abschmecken. Den Topf mit dem Deckel verschließen und die Suppe bei niedriger Temperatur warm halten, während die Käsecreme zubereitet wird.

5 Den Blauschimmelkäse in einer kleinen Schüssel mit einer Gabel zerdrücken und zu einer cremigen Masse verrühren. Die Crème fraîche löffelweise zugeben und gut unterrühren.

6 Die Suppe noch einmal umrühren und auf vorgewärmte Teller verteilen. Jeweils 1 EL Blauschimmelkäsecreme in die Mitte setzen und ein wenig einrühren. Mit gehackten Sellerieblättern dekorieren und sofort servieren.

CURRY-MÖHREN-SUPPE

FÜR 6 PERSONEN

3 EL Sonnenblumenöl
1 mittelgroße Zwiebel, geschält
   und gewürfelt
1 TL Currypulver (scharf)
1 TL Mehl
850 ml Gemüsebrühe
500 g Möhren, geschält
   und in Scheiben geschnitten
Salz, frisch gemahlener Pfeffer
1–2 TL Zitronensaft

KORIANDERJOGHURT

150 g griechischer Schafsmilch-
   Joghurt
2 EL gehacktes Koriandergrün

1 Das Öl in einem hohen Topf erhitzen. Die Zwiebelwürfel zugeben und bei mittlerer Hitze 5 Minuten unter Rühren schmoren. Sie sollen weich werden, aber keine Farbe annehmen.

2 Das Currypulver und das Mehl über die Zwiebel stäuben und gut verrühren. Dann die Gemüsebrühe zugeben und bei hoher Temperatur zum Kochen bringen, dabei immer wieder rühren.

3 Möhren in die Brühe geben und wieder zum Kochen bringen. Die Suppe bei geringer Hitze 15 Minuten köcheln lassen; die Möhren sollen sehr weich sein.

4 Den Topf vom Herd nehmen. Mit einem Stabmixer alles in etwa 1 Minute sehr fein pürieren. Suppe mit Salz und Pfeffer würzen.

5 Die Suppe bei mittlerer Hitze wieder aufkochen. Ein wenig Zitronensaft zugeben, probieren und nach Gechmack noch mit Zitronensaft, Salz und Pfeffer nachwürzen.

6 In einer kleinen Schüssel den Joghurt glatt rühren, dann das gehackte Koriandergrün gut untermengen.

7 Die Suppe einmal umrühren und auf vorgewärmte Teller verteilen. Jeweils 1 EL Korianderjoghurt in die Mitte setzen und ein wenig einrühren. Sofort servieren.

VARIANTE: CURRY-PASTINAKEN-SUPPE

Möhren durch dieselbe Menge Pastinaken ersetzen. Die Pastinaken sofort nach dem Schälen und Kleinschneiden in die Suppe geben, sie verfärben sich sonst rasch.

MINESTRONE

FÜR 6–8 PERSONEN

2 EL Olivenöl

1 mittelgroße Zwiebel, geschält
und fein gewürfelt

1 Möhre, geschält und
fein gewürfelt

1 Stange Sellerie geputzt und
fein gewürfelt

1 Lauchstange, in feine Scheiben
geschnitten

2 TL Mehl

1,5 l Hühnerbrühe

400 g Tomaten, gehackt

Salz, frisch gemahlener Pfeffer

50 g Spaghetti

100 g grüne Bohnen, geputzt und
in mittelgroße Stücke geschnitten

100 g Wirsing, in Streifen
geschnitten

etwas geriebener Parmesan

1 Das Öl in einem großen Topf erhitzen, Zwiebel, Möhre, Sellerie und Lauch zugeben und alles bei mittlerer Hitze 5 Minuten schmoren; dabei immer wieder umrühren.

2 Das Mehl über das Gemüse stäuben und gut unterrühren. Hühnerbrühe, Tomaten, Salz und Pfeffer zugeben, verrühren und alles bei großer Hitze zum Kochen bringen. Einen Deckel schräg auflegen und bei geringer Hitze 20 Minuten köcheln lassen.

3 Die Spaghetti in kurze Stücke brechen und zur Suppe geben. Bohnen und den Wirsing unterrühren. Etwa 10 Minuten köcheln, bis Gemüse und Nudeln weich sind, aber noch Biss haben. Zum Schluss noch einmal abschmecken. Heiß servieren und den geriebenen Parmesan dazu reichen.

CROÛTONS HERSTELLEN

Selbstgemachte knusprige Croûtons geben Suppen zusätzlichen Pfiff. Mehr dazu auf Seite 213.

Weißbrotscheiben aufeinanderlegen und in Würfel schneiden.

Mit 1–2 EL Öl in einer Plastiktüte gut vermengen.

Bei mittlerer Hitze in der Pfanne goldbraun braten, dabei häufig umrühren.

SCHNELLE TOMATENSUPPE

FÜR 4 PERSONEN

1 Würfel Gemüsebrühe
25 g Butter
1 mittelgroße Zwiebel,
    fein gehackt
2 TL Mehl
2 EL Tomatenmark
2 Dosen Tomaten (à 400 g)
Salz, frisch gemahlener Pfeffer
1 TL Zucker

1 Den Brühwürfel in 400 ml kochendem Wasser auflösen. Die Butter in einem Topf schmelzen lassen, die gehackten Zwiebeln zugeben und bei niedriger Temperatur etwa 10 Minuten schmoren, dabei gelegentlich umrühren.

2 Das Mehl über die Zwiebeln stäuben und gut unterrühren. Das Tomatenmark zugeben und unter Rühren alles 1 Minute köcheln lassen. Tomaten, Brühe sowie Salz und Pfeffer zugeben. Bei großer Hitze unter ständigem Rühren zum Kochen bringen, dann bei reduzierter Hitze 3 Minuten köcheln lassen.

3 Ein großes Sieb in eine passende Schüssel hängen. Die Suppe in das Sieb gießen und mit dem Rücken eines Esslöffels durchpassieren. Verbleibende Reste im Sieb wegwerfen.

4 Die Suppe wieder erhitzen, den Zucker zugeben und noch 1 Minute köcheln lassen. Noch einmal abschmecken.

VARIANTE: TOMATEN-PESTO-SUPPE

2 EL Pesto (aus dem Glas) unterrühren und mit Basilikumblättern garnieren.

LINSENSUPPE

FÜR 4 PERSONEN

2 EL Olivenöl

1 Bund Suppengrün, geputzt und
  klein geschnitten

2 Knoblauchzehen, geschält und
  zerdrückt

200 g getrocknete braune Linsen

1,25 l Gemüsebrühe

1 Tomate, gewaschen und fein
  gehackt

4 geräucherte Mettwürste oder
  Wiener Würstchen, in Scheiben
  geschnitten

1 Bund Rucola oder
  gemischte Kräuter, gewaschen
  und grob gehackt

3 EL Balsamicoessig

Salz, frisch gemahlener Pfeffer

1 Das Öl im Suppentopf erhitzen, das Suppengrün und den Knoblauch darin andünsten. Die Linsen dazugeben, Brühe und Tomatenstückchen untermischen. Zugedeckt bei schwacher Hitze 30–40 Minuten garen, bis die Linsen weich sind.

2 Die Mettwurst nach 20 Minuten dazugeben und mitköcheln lassen. Wenn Sie Wiener Würstchen verwenden, diese am Ende der Garzeit zusammen mit Rucola oder Kräutern in die Suppe geben und erwärmen. Mit Balsamicoessig, Salz und Pfeffer abschmecken.

KRAFTBRÜHE

FÜR 2 LITER

600 g Rinderknochen
  (vorzugsweise Rippe,
  keine Markknochen)
1 Bund Suppengrün
½ Zwiebel
800 g Suppenfleisch vom Rind
  (vorzugsweise Brust)
1 Hähnchenschenkel
1 Lorbeerblatt
Salz

1 Einen großen Topf zur Hälfte mit Wasser füllen, dieses zum Kochen bringen. Die Knochen hineingeben und aufkochen. Dann in ein Sieb gießen und kalt abspülen.

2 Die Knochen mit 3 Liter kaltem Wasser in den Topf zurückgeben und bei mittlerer Hitze langsam aufkochen. Bei reduzierter Temperatur 1½ Stunden köcheln lassen. Den Schaum, der dabei entsteht, immer wieder mit dem Schaumlöffel abschöpfen, sonst wird die Brühe trüb.

3 Das Suppengrün waschen, Möhre und Sellerie schälen. Die Zwiebel ungeschält waschen, ein Ende abschneiden und den Anschnitt in der Pfanne bei mittlerer Hitze dunkel rösten, das gibt der Brühe Farbe. Das Gemüse mit Suppenfleisch, Hahnchenschenkel und Lorbeerblatt in den Topf geben. In weiteren 1½ Stunden bei schwacher Hitze weich kochen.

4 Ein feines Sieb mit einem Geschirrtuch auslegen und auf einen Topf setzen. Knochen, Gemüse und Flüssigkeit hineinschöpfen. Die durchgeseihte Brühe leicht salzen und aufkochen.

5 Den Fettfilm von der Oberfläche abschöpfen. Wird die Brühe nicht sofort verwendet, sollte sie rasch gekühlt werden.

VARIANTE: KRAFTBRÜHE MIT EINLAGE

Besonders nahrhaft wird die Brühe, wenn sie mit einer Einlage serviert wird. Dazu eignen sich Suppennudeln oder Fleischklößchen.

NUDELN

Schnell zu machen und überaus populär, sind Nudeln – insbesondere nach italienischer Art – eine herrliche Vorspeise oder, mit einem frischen Salat sowie knusprigem italienischem oder französischem Brot serviert, eine vollständige Mahlzeit.

FÜR 4–6 PERSONEN

500 g Spaghetti
5 EL gehackte Basilikumblätter
50 g Parmesan, frisch gerieben

TOMATENSAUCE

2 EL Olivenöl
1 große Zwiebel, geschält
   und fein gehackt
2 Dosen Tomaten in Stücken
   (à 400 g)
2 TL Zucker
1 TL getrockneter Majoran
1 Lorbeerblatt
Salz, frisch gemahlener Pfeffer

SPAGHETTI MIT TOMATENSAUCE

Die Sauce kann auf Vorrat zubereitet werden. Im Kühlschrank hält sie sich bis zu 1 Woche, tiefgefroren bis zu 3 Monate.

1 Für die Sauce das Öl in einem mittelgroßen Topf erhitzen, die Zwiebel zugeben und bei geringer Hitze etwa 10 Minuten anschwitzen. Sie soll weich werden, aber keine Farbe annehmen.

2 Tomaten, Zucker, Majoran, Lorbeerblatt sowie Salz und Pfeffer zugeben, gut umrühren. Alles bei großer Hitze aufkochen lassen, dann die Hitze reduzieren und die Sauce ohne Deckel etwa 30 Minuten köcheln lassen. Gelegentlich umrühren.

3 Das Lorbeerblatt herausnehmen und die Sauce abschmecken. Bei geringer Hitze warm halten, während die Spaghetti nach der Packungsanweisung gekocht werden.

4 Spaghetti in einem Durchschlag abtropfen lassen. Wieder in den Nudeltopf geben.

5 Die Tomatensauce über die Spaghetti geben und mit zwei Gabeln durchmischen. Mit Basilikum bestreuen und servieren. Den geriebenen Parmesan reicht man separat dazu.

VARIANTE: MUSCHEL-TOMATEN-SAUCE

1 Dose Muscheln (300 g, in Salzwasser) abtropfen lassen. Nach Schritt 2 mit dem Saft von 1 Zitrone und der abgeriebenen Schale von ½ unbehandelten Zitrone vermischen und durchwärmen. Ohne Käse mit Zitronenachteln servieren.

CANNELLONI BOLOGNESE

1 Die Bolognesesauce in einer großen Pfanne bei niedriger Temperatur unter Rühren etwas einkochen lassen; die Masse soll nicht zu flüssig sein. Abkühlen lassen.

2 Den Backofen auf 200 °C (Umluft 190 °C) vorheizen. Eine mittelgroße Auflaufform mit Butter ausstreichen. Eine kleine Menge Bolognesesauce auf dem Boden der Form verteilen.

3 Mit Hilfe eines kleinen Plastikbeutels die Cannelloni füllen: Von einer Ecke des Beutels etwa 2 cm abschneiden. 2 große Esslöffel Sauce in den Beutel geben und in eine Röhre drücken. So auch mit den anderen Röhren verfahren, bis die Sauce verbraucht ist.

4 Die Cannelloni dicht nebeneinander in die Auflaufform legen. Die Béchamelsauce mit Salz, Pfeffer und etwas Muskatnuss würzen, dann über die Cannelloni gießen. Darauf achten, dass die Röhren vollständig bedeckt sind. Mit Parmesen bestreuen.

5 Die Auflaufform mit Alufolie verschließen und die Cannelloni etwa 15 Minuten im Ofen backen. Dann die Folie entfernen und in weiteren 20 Minuten goldbraun backen.

GEMÜSENUDELN AUS DEM WOK

250 g chinesische Eiernudeln

3 EL Sonnenblumenöl

8 Frühlingszwiebeln, schräg
  in mittelgroße Stücke geschnitten

etwa 2,5 cm frische Ingwerwurzel,
  geschält, sehr fein gehackt

3 große Knoblauchzehen, geschält,
  in sehr dünne Scheiben
  geschnitten

1 große rote Paprikaschote, die
  Samen entfernt, in feine Streifen
  geschnitten

200 g kleine Champignons,
  geputzt und halbiert

1 großes Ei, leicht verschlagen

1 Spritzer Tabascosauce

Salz, frisch gemahlener Pfeffer

1 In einem großen Topf reichlich Wasser zum Kochen bringen und die Nudeln hineingeben. Vom Herd nehmen, die Nudeln umrühren, um sie voneinander zu trennen, und 4–6 Minuten stehen lassen. In einem Durchschlag gut abtropfen lassen.

2 Einen Wok oder eine große Bratpfanne bei hoher Temperatur erhitzen. Das Öl hineingießen und warten, bis es zu rauchen beginnt. Dann die Frühlingszwiebeln zugeben und 1 Minute unter Rühren anbraten. Ingwer, Knoblauch, Paprikaschote und Champignons zugeben und etwa 2 Minuten braten.

3 Die Nudeln zum Gemüse geben und vorsichtig, aber gründlich unterheben. Unter Rühren in 1 Minute heiß werden lassen. Das verschlagene Ei, Tabasco sowie Salz und Pfeffer hinzufügen. Gut umrühren, damit das Ei Nudeln und Gemüse überzieht. Nach Geschmack mehr Tabasco untermischen.

FÜR 4 PERSONEN

250 g Spargelspitzen

250 g grüne Bohnen, geputzt
und diagonal halbiert

1 Zucchini, geputzt und in
Stäbchen geschnitten

150 g Ziegenfrischkäse

abgeriebene Schale und Saft von
1 unbehandelten Zitrone

2 EL Olivenöl

1 große Knoblauchzehe, geschält
und zerdrückt

Salz, frisch gemahlener Pfeffer

400 g Penne

PASTA PRIMAVERA

1 Das Gemüse in einen größeren Topf mit kochendem, leicht gesalzenem Wasser geben, wieder aufkochen lassen und 2 Minuten blanchieren. In einen Durchschlag abgießen, mit kaltem Wasser abschrecken und gut abtropfen lassen.

2 Den Ziegenkäse in einem kleinen Stieltopf mit Zitronenschale, Zitronensaft, Öl, Knoblauch sowie Salz und Pfeffer verrühren und auf kleiner Stufe erhitzen, bis der Käse zerlaufen ist. Dann das Gemüse gut untermengen. Topf beiseitestellen.

3 Die Penne in reichlich Salzwasser nach Packungsanweisung bissfest kochen. Abtropfen lassen, in eine angewärmte Schüssel geben und die Gemüsemasse vorsichtig daruntermengen.

FÜR 4–6 PERSONEN

Butter für die Auflaufform
frisch geriebene Muskatnuss
Salz, frisch gemahlener Pfeffer
50 g Parmesan, gerieben
6–7 Lasagneblätter

FÜR DIE SAUCEN

1 Rezept Bolognesesauce
  (siehe Seite 20)
1 Rezept Béchamelsauce
  (siehe Seite 208)

LASAGNE

Da in diesem Rezept ungekochte Lasagneblätter verwendet werden, sollten die Bolognese- und die Béchamelsauce recht flüssig sein. Die Nudeln nehmen beim Backen viel Flüssigkeit auf.

1 Den Backofen auf 190 °C (Umluft 180 °C) vorheizen. Eine mittelgroße Auflaufform gut mit Butter ausstreichen.

2 Ein Drittel der Bolognesesauce in der Auflaufform verteilen. Die Béchamelsauce mit Muskatnuss, Salz und Pfeffer kräftig würzen und ein Drittel davon über der Bolognesesauce verteilen. Ein Drittel des Käses darüberstreuen.

3 Mit einer Lage Lasagneblätter bedecken. Für eine Lage benötigt man etwa 3 Blätter; gegebenenfalls in passende Stücke brechen.

4 Noch einmal Bolognesesauce, Béchamelsauce, Käse und Lasagneblätter in die Form schichten und mit einer letzten Schicht Bolognese, Béchamel und Käse abschließen.

5 Die Lasagne in etwa 30 Minuten goldbraun backen.

VARIANTE: VEGETARISCHE LASAGNE

Wer kein Fleisch mag, kann die Bolognesesauce durch eine Pilzsauce ersetzen. Das Rezept dazu steht auf Seite 82.

PASTA MIT GORGONZOLA, RICOTTA UND BASILIKUM

FÜR 4 PERSONEN

500 g Pasta (z. B. Fusilli)
6 EL Gorgonzola, zerkrümelt
125 g Ricotta, zerkrümelt
60 g Butter
1 Handvoll Basilikumblätter,
  zerrupft
Salz, frisch gemahlener schwarzer
  Pfeffer

1 Die Pasta in reichlich Salzwasser nach Packungsangabe bissfest kochen. Abgießen und ½ Tasse des Kochwassers aufbewahren.

2 Die Pasta zusammen mit 4 EL Gorgonzola, Ricotta, Butter und Basilikum zurück in den warmen Topf geben. Gut vermengen und etwas Kochwasser dazugeben, wenn die Mischung zu trocken ist.

3 Mit Salz und Pfeffer abschmecken. Den restlichen Gorgonzola über die Pasta streuen und sofort servieren.

FÜR 4–6 PERSONEN

Butter für die Auflaufform
500 g TK-Blattspinat, aufgetaut
  und gut ausgedrückt
1 Rezept Béchamelsauce
  (siehe Seite 208)
frisch geriebene Muskatnuss
200 g Emmentaler, gerieben
6–7 Lasagneblätter

PILZSAUCE

2 EL Olivenöl
1 große Zwiebel, geschält
  und fein gehackt
350 g Champignons, geputzt
  und in Scheiben geschnitten
2 große Knoblauchzehen, geschält
  und zerdrückt
50 g Mehl
400 g Tomaten, gehackt
1 EL Zucker
Salz, frisch gemahlener Pfeffer
1 EL gehacktes Basilikum

VEGETARISCHE LASAGNE

1 Für die Pilzsauce das Öl in einer beschichteten Pfanne erhitzen, die Zwiebel zugeben und bei mittlerer Hitze etwa 5 Minuten anschwitzen, bis sie eben zu bräunen beginnt. Champignons und Knoblauch hinzufügen und unter Rühren 1 Minute braten. Das Mehl darüberstäuben und gut unterrühren.

2 Tomaten, Zucker, Salz und Pfeffer zugeben. Umrühren, zum Kochen bringen, dann bei geringer Hitze ohne Deckel etwa 15 Minuten köcheln lassen. Die Sauce soll etwas eindicken.

3 Den Backofen auf 190 °C (Umluft 180 °C) vorheizen. Eine mittelgroße Auflaufform gut mit Butter ausstreichen.

4 Das gehackte Basilikum in die Pilzsauce rühren. Ein Drittel der Sauce in der Auflaufform verteilen.

5 Ein Drittel des Spinats über der Sauce verteilen. Die Béchamelsauce mit Muskatnuss, Salz und Pfeffer kräftig abschmecken und ein Drittel davon über dem Spinat verteilen. Ein Drittel des Käses darüberstreuen.

6 Mit einer Lage Lasagneblätter bedecken. Für eine Lage braucht man etwa 3 Blätter; gegebenenfalls in passende Stücke brechen.

7 Noch einmal Pilzsauce, Spinat, Béchamelsauce, Käse und Lasagneblätter in die Form schichten und mit einer letzten Schicht Pilzsauce, Spinat, Béchamel und Käse abschließen. Die Lasagne in etwa 30 Minuten goldbraun backen.

GETREIDE & HÜLSENFRÜCHTE

Getreide und Hülsenfrüchte sind die Basis für sättigende Hauptgerichte und für ebenso schmack- wie herzhafte Beilagen für Gebratenes wie Fleisch, Geflügel und Fisch.

FÜR 4 PERSONEN

5–6 EL Pflanzenöl
500 g Basmatireis
1 l Geflügelbrühe
1 Zimtstange
Saft und abgeriebene Schale von
  1 unbehandelten Zitrone
100 g getrocknete Datteln, halbiert
100 g gehobelte Mandeln
500 g Hähnchenbrustfilet

ZUR DEKORATION

50 g geschälte Pistazienkerne, grob
  gehackt

ORIENTALISCHER HÄHNCHENPILAW

1 In einem großen Topf 2–3 EL des Pflanzenöls erhitzen. Den Reis hineingeben, bei mittlerer Temperatur unter Rühren erhitzen, bis er glasig wird. Brühe, Zimtstange, Zitronensaft, Zitronenschale, Datteln und Mandeln hinzufügen. Alles aufkochen lassen, dann bei sehr schwacher Hitze zugedeckt 12–15 Minuten köcheln lassen, bis der Reis die Flüssigkeit aufgenommen hat und gar ist.

2 Das Hähnchenfleisch würfeln. Währenddessen das restliche Öl in einer großen Pfanne erhitzen. Das Hähnchenfleisch darin anbraten. Bei mittlerer Hitze immer wieder wenden, damit die Würfel von allen Seiten gegart werden. Nach etwa 5 Minuten sind die Stücke fertig gebraten.

3 Den gegarten Reis vom Herd nehmen, die Zimtstange entfernen. Die gebräunten Hähnchenstücke mit einer Gabel unterheben.

4 Den Pilaw auf eine Platte oder in eine große Schüssel geben und mit den gehackten Pistazienkernen bestreuen.

VARIANTE: VEGETARISCHER PILAW

Ein Pilaw schmeckt auch ohne Fleisch hervorragend. Die Geflügelbrühe durch Gemüsebrühe ersetzen, das Fleisch durch Gemüse nach Wahl. Besonders schmackhaft wird der Reis, wenn man 1 Bund gehackte Petersilie unterhebt.

STEINPILZ-RISOTTO

FÜR 4–6 PERSONEN

3 EL Olivenöl
2 Schalotten, fein gewürfelt
500 g Risotto-Reis (Arborio)
1½ l Hühner- oder Gemüsebrühe
50 g getrocknete Steinpilze
Salz, frisch gemahlener Pfeffer
125–250 ml Weißwein
1 Stückchen Butter
80 g Parmesan, frisch gerieben

1 In einem mittelgroßen Topf das Öl erhitzen. Die Schalotten zufügen und bei mittlerer Hitze in etwa 5 Minuten weich schmoren.

2 Den Reis zugeben und unter Rühren etwa 15 Sekunden schmoren, damit er sich mit dem Öl verbindet. Einen Schöpflöffel Brühe zugeben und rühren, bis der Reis die Flüssigkeit aufgenommen hat.

3 Steinpilze, Salz und Pfeffer sowie einen weiteren Schöpflöffel Brühe zugeben. Unter Rühren köcheln lassen, bis sie vom Reis aufgenommen ist. Gegebenenfalls die Hitze reduzieren; es genügt, wenn die Brühe leicht blubbert.

4 Die restliche Brühe sowie den Wein nach und nach zugeben. Den Reis unter häufigem Rühren köcheln lassen, bis er cremig und »al dente« ist: außen weich, innen noch ein wenig fest. Das dauert etwa 20–25 Minuten. Die Butter und den Parmesan unterrühren. Noch einmal abschmecken.

TABOULEH

FÜR 4 PERSONEN

100 g Bulgur
10 Frühlingszwiebeln, in Scheiben geschnitten
½ Bund Petersilie, fein gehackt
½ Bund frische Minze, fein gehackt
3 EL Zitronensaft
3 EL Olivenöl
Salz, frisch gemahlener Pfeffer

1 Den Bulgur in eine große Schüssel geben und mit reichlich kaltem Wasser übergießen. 20–30 Minuten quellen lassen. In einem Sieb abtropfen lassen und dann noch gut ausdrücken.

2 Den Bulgur in eine Schüssel geben. Die Frühlingszwiebeln und die Kräuter zusammen mit Zitronensaft, Öl, Salz und Pfeffer dazugeben und alles gut durchmengen. Zudecken und für etwa 2 Stunden kühl stellen.

SOMMERLICHER COUSCOUS

FÜR 4–6 PERSONEN

1 Würfel Gemüsebrühe

150 g grüner Spargel,
  in 3 cm lange Stücke geschnitten

250 g Couscous

Salz, frisch gemahlener Pfeffer

Saft von 1 frisch gepressten Zitrone

3 EL Olivenöl

50 g Pinienkerne

6 Frühlingszwiebeln, in Streifen
  geschnitten

150 g Zuckerschoten, in Stücke
  geschnitten

je 3 EL fein gehackte Petersilie und
  Minze

Zitronenspalten und einige Stängel
  Minze zum Garnieren

1 Den Brühwürfel in einem mittelgroßen Topf in 400 ml kochendem Wasser auflösen. Die Spargelstücke zugeben. Den Topf zudecken und den Spargel 3 Minuten bei geringer Hitze köcheln lassen.

2 Den Couscous in eine große Schüssel geben. Einen Durchschlag in die Schüssel hängen und die Brühe mit dem Spargel hineingießen. Wenn die Brühe abgelaufen ist, den Durchschlag abheben und den Spargel mit kaltem Wasser abbrausen, damit er schnell abkühlt. Auf Küchenpapier abtropfen lassen.

3 Den Couscous mit Salz und Pfeffer würzen und gut durchrühren. Zudecken und abkühlen lassen.

4 Zitronensaft und Olivenöl zum Couscous geben und behutsam, aber gründlich untermischen.

5 Die Pinienkerne in einer kleinen beschichteten Pfanne ohne Fett bei mittlerer Hitze goldgelb anrösten. Mit dem Spargel, den Frühlingszwiebeln, den Zuckerschoten und den Kräutern unterheben. Noch einmal abschmecken. Mit Zitronenspalten und Minze garnieren.

FISCH & GEFLÜGEL AUS DER PFANNE

Für schnelle Hauptgerichte ist die Pfanne das ideale Küchengerät – die Zutaten garen in wenigen Minuten und können direkt aus der Pfanne serviert werden. Die besten Resultate erzielt man mit einer hochwertigen beschichteten Pfanne.

FÜR 4 PERSONEN

75 g frisches Weißbrot ohne Rinde
2 EL grob gehackte Kräuter
  (Estragon, Dill, Kerbel)
abgeriebene Schale von 1 unbehandelten Zitrone
4 Schellfischfilets à 200 g, ohne
  Haut
Salz, frisch gemahlener Pfeffer
2 EL Mehl
1 großes Ei, leicht verschlagen
2 EL Olivenöl
Zitronenspalten zum Garnieren

FISCH MIT KRÄUTERKRUSTE

1 Das Weißbrot grob zerbröseln und mit den Kräutern und der Zitronenschale in einer Küchenmaschine fein hacken. Wer eine gröbere Kruste bevorzugt, schneidet die Zutaten mit dem Messer sehr fein und vermengt sie in einer kleinen Schüssel.

2 Die Filets salzen und pfeffern, dann im Mehl wenden; überschüssiges Mehl abschütteln. Durch das verschlagene Ei ziehen und in der Kräuter-Brot-Mischung wenden.

3 Das Öl in einer großen beschichteten Pfanne erhitzen. Die Fischfilets darin bei mittlerer Hitze auf jeder Seite 3 Minuten braten; sie sollen knusprig und goldbraun werden. Mit Zitronenspalten sofort servieren.

KNOBLAUCHGARNELEN

FÜR 4 PERSONEN

16–20 Riesengarnelen,
  geschält und entdarmt
5 EL Olivenöl
3 Knoblauchzehen, geschält
  und zerdrückt
Salz, frisch gemahlener Pfeffer
250 g passierte Tomaten
Saft von ½ frisch gepressten
  Zitrone
1 TL Zucker
3 EL grob gehackte Petersilie
abgeriebene Schale von 1 unbehandelten Zitrone

1 Die Garnelen in einer Schüssel gut mit Öl, Knoblauch, Salz und Pfeffer vermengen.

2 Eine große beschichtete Pfanne bei hoher Temperatur erhitzen. Die Garnelen mitsamt Öl und Knoblauch in die Pfanne geben und unter mehrmaligem Wenden etwa 2 Minuten braten, bis sie eine appetitliche rosa Farbe angenommen haben.

3 Die Hitze auf mittlere Stufe reduzieren und die passierten Tomaten, den Zitronensaft und den Zucker zugeben. 3–4 Minuten garen, dabei mehrmals umrühren. Abschmecken, dann mit Petersilie und Zitronenschale bestreuen und sofort servieren.

HÄHNCHEN NACH CAJUN-ART

FÜR 4 PERSONEN

1 EL Olivenöl

2 TL getrockneter Majoran

2 TL süßes Paprikapulver

½ TL gemahlener Ingwer

½ TL frisch gemahlener schwarzer
  Pfeffer

1 Msp. Cayennepfeffer

4 Hühnerbrustfilets

Salz

einige Zweige frischer Thymian
  zum Garnieren

1 In einer Schüssel das Öl mit Majoran und Gewürzen verrühren. Die Hühnerbrustfilets damit gut einreiben.

2 Eine große beschichtete Pfanne sehr heiß werden lassen. Die Hühnerbrustfilets mit der glatten Seite nach oben in die Pfanne legen und bei großer Hitze 2–3 Minuten braten.

3 Die Hitze reduzieren. Die Filets wenden und 3–6 Minuten weiterbraten, bis sie gar sind. Salzen, mit Thymianzweigen garnieren und servieren.

VARIANTE: WOLFSBARSCH NACH CAJUN-ART

Das Hühnerfleisch durch 4 dicke Tranchen Wolfsbarsch (ohne Haut) ersetzen. Mit derselben Würzmischung einreiben und auf jeder Seite 3 Minuten braten. Wenn die Fischstücke an allen Schnittkanten nicht mehr glasig sind, ist der Fisch gar.

GEBRATENES AUS DEM WOK

Wokgerichte sind gesund und schnell zubereitet. Wer keinen Wok besitzt, kann für diese Zubereitungen auch eine große beschichtete Pfanne mit hohem Rand verwenden.

FÜR 4–6 PERSONEN

1 EL Sonnenblumenöl
2 große Möhren, geschält und
   in feine Stifte geschnitten
400 g Riesengarnelen,
   geschält und entdarmt
400 g Jakobsmuscheln
6–8 Frühlingszwiebeln, in Streifen
250 ml Kokosmilch
1 TL Zucker
Salz
etwas frisches Koriandergrün

WÜRZMISCHUNG

3 Knoblauchzehen, geschält
2,5 cm frische Ingwerwurzel,
   geschält
2 TL mildes Currypulver
2 EL Sonnenblumenöl

EXOTISCH GEWÜRZTE JAKOBS-MUSCHELN UND GARNELEN

1 Für die Würzmischung alle Zutaten in einer Küchenmaschine sehr fein hacken oder in einem Mörser zerreiben.

2 Einen Wok bei hoher Temperatur in 1–2 Minuten erhitzen. Das Öl hineingießen und warten, bis es gerade zu rauchen beginnt.

3 Die Hitze auf mittlere Temperatur reduzieren und die Möhren im Wok unter Rühren anbraten. Die Würzmischung zugeben und weitere 2 Minuten braten. Dann die Garnelen, die Jakobsmuscheln und die Frühlingszwiebeln in den Wok geben und bei großer Hitze für etwa 3 Minuten braten, bis die Garnelen eine appetitliche rosa Farbe angenommen haben.

4 Kokosmilch, Zucker und Salz zugeben. Unter Rühren alles aufkochen lassen. Mit Koriandergrün garnieren und servieren.

FÜR 4–6 PERSONEN

500 g fester Tofu
2 Knoblauchzehen, geschält und
  fein gehackt
2 EL fein gehackter Thymian
1 EL Sesamöl
Salz, frisch gemahlener Pfeffer
1 Würfel Gemüsebrühe
2 EL Sonnenblumenöl
2 mittelgroße Zwiebeln, geschält,
  in feine Scheiben geschnitten
300 g Blumenkohlröschen
300 g Brokkoliröschen
250 g Champignons, geputzt,
  in feine Scheiben geschnitten
150 ml trockener Weißwein
1 EL Stärkemehl

GEMÜSE MIT MARINIERTEM TOFU

1 Den Tofu trocken tupfen, in Würfel schneiden und in eine Schüssel geben. Knoblauch, Thymian, Sesamöl, Salz und Pfeffer hinzufügen, gut vermengen und 20 Minuten marinieren.

2 Den Brühwürfel in 150 ml kochendem Wasser auflösen. Einen Wok bei hoher Temperatur in 1–2 Minuten erhitzen. Den Tofu mit der Marinade hineingeben und bei mittlerer Hitze unter Rühren braten, bis er leicht gebräunt ist. Tofu beiseitestellen.

3 In dem Wok das Sonnenblumenöl erhitzen und die Zwiebeln darin 3–4 Minuten unter Rühren anbraten. Blumenkohl- und Brokkoliröschen zugeben und etwa 2 Minuten braten, die Champignons schließlich etwa 1 Minute braten. Wein und Brühe zugießen.

4 Stärke mit 2 EL kaltem Wasser verrühren, dann mit mehr Wasser auffüllen. Es sollen insgesamt 100 ml Flüssigkeit sein. In den Wok gießen, aufkochen lassen und unter Rühren das Gemüse garen. Salzen und pfeffern, den Tofu darüberstreuen.

VARIANTE: GEMÜSE MIT MARINIERTEM STEAK

Den Tofu durch 2 Rindersteaks (insgesamt etwa 300 g) und die Gemüsebrühe durch Fleischbrühe ersetzen. Das Fleisch in dünne Streifen schneiden und unter Rühren 2–3 Minuten braten.

2 mittelgroße Möhren

200 g kleine Maiskolben

4–6 Frühlingszwiebeln

1 Zitrone, in 8 dünne Scheiben
   geschnitten

3 EL Sonnenblumenöl

400 g Schweinefilet, in dünne
   Scheiben geschnitten

1 Knoblauchzehe, geschält
   und zerdrückt

5 EL Hoisin-Sauce
   (aus dem Asia-Laden)

2 EL trockener Sherry

100 g Sojasprossen

etwas Koriandergrün
   zum Garnieren

SCHWEINEFLEISCH MIT HOISIN

1 Die Möhren schälen und in dünne Stifte schneiden. Die Maiskolben in 4 cm lange Stücke schneiden, ebenso die Frühlingszwiebeln. Die Zitronenscheiben vierteln.

2 Einen Wok bei hoher Temperatur in 1–2 Minuten erhitzen. Das Öl hineingeben und warten, bis es eben zu rauchen beginnt. Möhren, Maiskölbchen, Frühlingszwiebeln und Zitronenscheibchen zugeben und bei mittlerer Hitze unter Rühren anbraten.

3 Das Gemüse mit einem Schaumlöffel herausheben. Die Hälfte des Schweinefilets in den Wok geben und unter Rühren 3 Minuten braten, ebenfalls herausnehmen. Das restliche Öl im Wok heiß werden lassen, restliches Schweinefilet und Knoblauch zugeben und ebenfalls 3 Minuten unter Rühren braten.

4 Gemüse und Schweinefilet wieder in den Wok geben. Die Hoisin-Sauce und den Sherry zugeben und alles zum Kochen bringen. Zuletzt die Sprossen zufügen und unter Rühren heiß werden lassen. Mit Koriandergrün garnieren und servieren.

AUS BRAT- UND GRILLPFANNE

Klassiker der Fleischküche gart man in der Bratpfanne. Eine Grillplatte oder -pfanne mit Grillstegen ist aber für einige Gerichte das ideale Küchengerät. Sie erlaubt, Zutaten in kürzester Zeit und fast ohne Fett zu garen. Die Grillstege sorgen für rustikale Streifen.

FÜR 4 PERSONEN

4 dünne Kalbsschnitzel (à 150 g,
    aus der Nuss oder Oberschale)
Salz, frisch gemahlener Pfeffer
Butterschmalz zum Ausbacken

PANADE

8 EL Mehl
100 g Brotkrumen
2 Eier
1 EL Sahne

WIENER SCHNITZEL

1 Die Schnitzel flach klopfen (mit der platten Seite des Fleischklopfers oder einem Stieltopf), dann salzen und pfeffern.

2 Für die Panade das Mehl auf einen Teller geben, die Brotkrumen auf einen weiteren. Die Eier in einem tiefen Teller mit der Sahne verquirlen.

3 Die Schnitzel zuerst in Mehl wenden und abklopfen, dann kurz in die Eiermischung tauchen und etwas abtropfen lassen. Zum Schluss das Fleisch gleichmäßig in den Brotkrumen wenden und die Panade sanft andrücken.

4 In einer große Pfanne reichlich Butterschmalz erhitzen. Die Schnitzel darin bei mittlerer Hitze von jeder Seite in 2–3 Minuten goldbraun braten. Für die typische wellige Knusperhülle nach dem Wenden das Bratfett über die Schnitzel schöpfen. Die Schnitzel herausheben, auf Küchenpapier abtropfen lassen und sofort servieren.

FÜR 4 PERSONEN

1 kleine Aubergine
2 mittelgroße Zucchini
2 rote Paprikaschoten
2 gelbe Paprikaschoten
1 große Zwiebel
1 EL Olivenöl
2 TL Balsamicoessig
frisch gehobelter Parmesan

KRÄUTERSAUCE

1 mittelgroße Zwiebel, geschält
   und fein gehackt
2 EL gehackte Petersilie
2 EL gehacktes Basilikum
100 ml Olivenöl
2 EL fein gehackte Kapern
Salz, frisch gemahlener Pfeffer

GEMÜSE MIT KRÄUTERSAUCE

1 Für die Kräutersauce Zwiebel, Kräuter, Olivenöl, Kapern, Salz und Pfeffer in einer Schüssel gut miteinander verrühren und dann noch einmal abschmecken. Die Schüssel mit Frischhaltefolie verschließen und in den Kühlschrank stellen, bis das Gemüse zubereitet ist.

2 Von der Aubergine die Enden abschneiden, dann längs halbieren und quer in 1 cm dicke Scheiben schneiden. In einer Schüssel beiseitestellen.

3 Die Zucchini putzen und schräg in 1 cm dicke Scheiben schneiden. Zu den Auberginenscheiben geben.

4 Die Paprikaschoten halbieren und Samen und Trennhäute entfernen, dann jede Hälfte längs in 3 breite Streifen schneiden. Ebenfalls in die Schüssel geben.

5 Die Zwiebel schälen und längs in Achtel schneiden. Zum übrigen Gemüse geben. Alles mit Olivenöl beträufeln, mit Salz und Pfeffer würzen und vorsichtig, aber gründlich vermengen.

6 Die Grillplatte bei hoher Temperatur etwa 5 Minuten aufheizen. Die Hitze auf mittlere Stufe reduzieren, dann die Gemüsescheiben in entsprechend großen Portionen nebeneinander auf der Grillplatte platzieren. Etwa 2 Minuten auf beiden Seiten grillen. Das Gemüse soll leicht gebräunt sein, aber noch knackig. Jede fertig gegrillte Portion in eine große Schüssel füllen.

7 Wenn das gesamte Gemüse gegrillt ist, mit dem Balsamico beträufeln und den Inhalt der Schüssel gut vermischen. Dann das Gemüse auf eine angewärmte Servierplatte häufen, die Kräutersauce löffelweise darauf verteilen und mit Parmesanspänen garnieren. Warm oder kalt servieren.

4 Rinderhüft- oder -lendensteaks
  (à etwa 200 g)
1 EL Olivenöl

ZWIEBELSAUCE

2 EL Olivenöl
4 große Zwiebeln (etwa 800 g),
  geschält und in dünne Scheiben
  geschnitten
1 EL Thymianblättchen
Salz, frisch gemahlener Pfeffer

STEAK MIT ZWIEBELSAUCE

1 Für die Sauce das Öl in einer beschichteten Pfanne erhitzen und die Zwiebeln darin bei mittlerer Hitze unter wiederholtem Umrühren etwa 10 Minuten schmoren. Sie sollen keine Farbe annehmen.

2 Die Hitze reduzieren und die Pfanne zudecken. Die Sauce weitere 30–45 Minuten köcheln lassen und dabei ab und zu umrühren. Die Zwiebeln sollen zuletzt sehr weich und goldgelb sein. Die Thymianblättchen sowie Salz und Pfeffer zugeben. Zugedeckt beiseitestellen und warm halten.

3 Die Grillplatte bei hoher Temperatur 5 Minuten vorheizen.

4 Den Fettrand der Steaks in kleinen Abständen einschneiden, die Steaks mit Olivenöl einpinseln. Hitze reduzieren und die Steaks auf die Grillplatte legen. 2 Minuten braten, dann umdrehen und nochmals 3 Minuten braten. Um den Gargrad des Fleisches zu prüfen, ein Steak leicht einschneiden.

5 Die Steaks mit Salz und Pfeffer würzen, auf jedes etwas Zwiebelsauce geben und sofort servieren.

GEGRILLTES

Beim Grillen unter der Grillschlange im Backofen werden die natürlichen Aromen der Zutaten besonders gut bewahrt. Weil kein Grillgerät dem anderen entspricht, sind die Garzeiten nur Näherungswerte.

FÜR 2–4 BURGER

500 g Hackfleisch vom Rind
1 kleine Zwiebel, geschält
  und sehr fein gehackt
Salz, frisch gemahlener Pfeffer
1–2 EL Sonnenblumenöl

BEEFBURGER

Die Mengen sind für zwei große Burger bemessen. Wenn Sie mögen, können Sie stattdessen vier kleinere Burger herstellen; dann verringert sich jedoch die Grillzeit entsprechend. In aufgeschnittenen Burgerbrötchen (Buns) mit einem kleinen Salat servieren.

1 In einer Schüssel Fleisch und Zwiebeln vermischen. Mit Salz und Pfeffer kräftig würzen.

2 Die Hände mit kaltem Wasser befeuchten und aus dem Fleisch 2 große Burger formen.

3 Die Grillschale mit Alufolie auslegen. Den Grill etwa 5 Minuten vorheizen.

4 Die Burger auf einer Seite mit Öl bepinseln und mit dieser Seite nach unten auf den Grillrost legen, dann die obere Seite mit Öl bepinseln. Die Grillschale darunterstellen. Mit 10 cm Abstand von der Grillschlange auf beiden Seiten 2–3 Minuten (blutig), 4–5 Minuten (medium) oder 6 Minuten (durchgebraten) grillen.

FÜR 4 PERSONEN

4 Hühnerbrustfilets

TANDOORI-MARINADE

100 g Joghurt

3 EL Sonnenblumenöl

1 kleine Zwiebel, geschält
  und sehr fein gehackt

1 Knoblauchzehe, geschält
  und zerdrückt

2 TL gemahlener Ingwer

1 TL gemahlene Kurkuma

1 TL Madras-Currypulver (scharf)

TANDOORI-HÄHNCHEN

1 Alle Zutaten für die Marinade mit 2 EL kaltem Wasser in einer großen Schüssel vermengen. Die Hühnerbrustfilets in der Marinade wenden. Die Schüssel mit Frischhaltefolie verschließen und die Filets im Kühlschrank 8–24 Stunden marinieren.

2 Die Grillschale mit Alufolie auslegen. Den Grill etwa 5 Minuten vorheizen.

3 Die Hühnerbrustfilets aus der Marinade nehmen und in die Grillschale legen. Den Grill auf mittlere Stufe schalten. Die Brustfilets mit 10 cm Abstand von der Grillschlange auf jeder Seite 6 Minuten garen. Für die Garprobe eines der Filets einschneiden. Wenn klare Flüssigkeit austritt, ist das Fleisch gar.

FÜR 8 SPIESSE

350 g festes weißes Fischfilet
(z. B. Seeteufel), ohne Haut
350 g Lachsfilet, ohne Haut
8 rohe Riesengarnelen, geschält
und entdarmt
6 kleine Zucchini, geputzt und
in je 4 Stücke geschnitten
16 Kirschtomaten

MARINADE

6 EL bestes Olivenöl
1 EL Balsamicoessig
3 EL gehackter Estragon oder
gehacktes Basilkum
2 große Knoblauchzehen, geschält
und zerdrückt
Salz, frisch gemahlener Pfeffer

MEERESFRÜCHTESPIESSE

1 Für die Marinade alle Zutaten in eine große Schüssel geben und gut verrühren.

2 Die Fischfilets in 16 gleich große Würfel schneiden. Mit den Garnelen in die Marinade geben und durchmischen. Zudecken und bis zu 6 Stunden im Kühlschrank marinieren.

3 Die Grillschale mit Alufolie auslegen. Den Grill auf hoher Stufe 5 Minuten vorheizen.

4 Fische und Meeresfrüchte aus der Marinade heben; Marinade aufbewahren. Auf jeden Spieß je 2 Würfel von beiden Fischsorten, 1 Garnele, 3 Zucchiniwürfel und 2 Tomaten stecken.

5 Die Spieße auf dem Grillrost anordnen und mit Marinade bepinseln. Die Hitze auf mittlere Stufe reduzieren. Die Grillschale darunter stellen. Die Spieße mit 10 cm Abstand von der Grill-schlange etwa 10 Minuten garen; dabei zweimal wenden und jeweils erneut mit Marinade bepinseln. Die Fischwürfel sollen in der Mitte nicht mehr glasig sein.

6 Die Spieße auf einer angewärmten großen Platte servieren.

RAGOUTS & EINTÖPFE

Für diese Ragouts wird nur ein großer Topf benötigt. Sobald sie auf kleiner Hitze köcheln, braucht man sich nicht mehr darum zu kümmern. Am besten am Vortag zubereiten – aufgewärmt schmecken die Ragouts nämlich noch besser.

FÜR 4 PERSONEN

750 g gemischtes Gemüse (z. B. Kartoffeln, Blumenkohl, Möhren, Lauch, grüne Bohnen), geputzt und geschält

3 EL Sonnenblumenöl

2 mittelgroße Zwiebeln, geschält und fein gehackt

1 große Knoblauchzehe, geschält und zerdrückt

2,5 cm frische Ingwerwurzel, geschält und fein gehackt

1 EL Garam Masala oder Currypulver

400 g Tomaten, gehackt

175 ml Ananassaft

Salz

GEMÜSECURRY

1 Das Gemüse in etwa gleich große Stücke schneiden, damit alle Sorten gleichzeitig gar werden.

2 Das Öl in einer großen, tiefen Pfanne oder einem Schmortopf erhitzen. Die Zwiebeln darin bei mittlerer Hitze unter häufigem Rühren etwa 10 Minuten anbraten. Sie sollen gut Farbe annehmen.

3 Knoblauch, Ingwer, die Gewürzmischung, Tomaten und Ananassaft zugeben und alles gut verrühren. Mit Salz abschmecken und zum Kochen bringen. Das Gemüse dazugeben und bei geringer Hitze im geschlossenen Topf etwa 15 Minuten garen; zwischendurch mehrmals umrühren. Das Gemüse soll durch und durch weich sein. Nochmals abschmecken und heiß servieren.

HÄHNCHEN NACH JÄGERART

FÜR 4 PERSONEN

2 EL Olivenöl

4 Hähnchenschenkel, enthäutet

1 große Zwiebel, geschält
  und grob gehackt

2 grüne Paprikaschoten, die
  Samen entfernt und in Streifen
  geschnitten

1 Knoblauchzehe, geschält
  und zerdrückt

50 g Mehl

200 ml Weiß- oder Rotwein

1 Dose Tomaten (400 g), gehackt

1 TL Zucker

½ TL getrockneter Majoran

Salz, frisch gemahlener Pfeffer

150 g Champignons, geputzt
  und geviertelt

gehackte Petersilie zum Garnieren

Gerichte, die den Zusatz »Jäger« im Namen tragen, sind herzhaft-rustikal und enthalten häufig Pilze. Statt der ganzen Hähnchenschenkel kann man auch 8 Oberschenkel verwenden.

1 Den Backofen auf 160 °C (Umluft 150 °C) vorheizen. Das Öl in einem großen, ofenfesten Schmortopf bei mittlerer Hitze heiß werden lassen. Die Hähnchenschenkel darin unter mehrmaligem Wenden anbraten, bis sie schön braun sind; das dauert etwa 10 Minuten. Die Hähnchenteile herausheben und warm stellen.

2 Zwiebel, Paprikaschoten und Knoblauch in den Schmortopf geben und etwa 10 Minuten anbraten; ab und zu umrühren. Das Gemüse soll leicht bräunen und weich werden.

3 Das Mehl über das Gemüse stäuben und unterrühren. Den Wein zugießen, umrühren und alles zum Kochen bringen. Die Tomaten mit ihrem Saft, Zucker, Majoran, Salz und Pfeffer zugeben. Unter Rühren wieder aufkochen lassen.

4 Die Hähnchenteile in die Sauce geben, noch einmal aufkochen lassen. Dann den Topf verschließen und in den Backofen stellen. Etwa 40 Minuten garen. 5 Minuten vor dem Ende der Garzeit die Pilze unter die Sauce rühren.

5 Für die Garprobe einen Hähnchenschenkel mit einem spitzen Messer einstechen: Wenn klarer Saft austritt, ist das Fleisch gar. Die Sauce abschmecken, alles großzügig mit Petersilie bestreuen und servieren.

FÜR 4–6 PERSONEN

2 EL Sonnenblumenöl

1 große Zwiebel, geschält
und fein gehackt

1 kg Lammschulter, ohne
Knochen, pariert und in 4 cm
große Stücke geschnitten

½ TL gemahlener Piment

½ TL gemahlener Ingwer

25 g Mehl

Salz, frisch gemahlener Pfeffer

500 g passierte Tomaten

175 g getrocknete Aprikosen,
halbiert

7,5 cm Zimtrinde, in feine Stücke
gebrochen

Safranreis (siehe Seite 85) als
Beilage

1 EL Sesamsamen

WÜRZIGES LAMM AUF MAROKKANISCHE ART

Für dieses Ragout wird Lammschulter verwendet, die leicht mit Fett marmoriert ist und ein herrliches Aroma besitzt. Das Gericht kann gut am Vortag zubereitet und im Kühlschrank aufbewahrt werden. Am nächsten Tag entfernt man das Fett, das sich an der Oberfläche abgesetzt hat und fest geworden ist. Dann lässt man das Ragout wieder sehr heiß werden.

1 Das Öl in einem großen Schmortopf erhitzen. Die Zwiebel darin bei mittlerer Hitze etwa 10 Minuten unter gelegentlichem Rühren anbraten, bis sie goldgelb ist.

2 Das Lammfleisch in den Topf geben, gefolgt von den Gewürzen, dem Mehl sowie Salz und Pfeffer. Gut umrühren und alles unter Rühren etwa 5 Minuten braten, bis das Fleisch nicht mehr roh aussieht.

3 Die passierten Tomaten in einem Messbecher mit Wasser auf 600 ml auffüllen. Über das Lammfleisch gießen und umrühren, dann die Aprikosen und den Zimt hinzufügen. Zum Kochen bringen, den Topf verschließen und das Ragout bei geringer Hitze 45 Minuten köcheln lassen.

4 Den Deckel abnehmen und das Ragout noch 15 Minuten garen. Das Fleisch soll so weich sein, dass es sich mit einer Gabel zerteilen lässt, und die Sauce soll so stark einkochen, dass sie die Fleischstücke gerade noch überzieht. Abschmecken.

5 Das Ragout auf einem Bett aus Safranreis anrichten, dabei die Zimtstücke entfernen. Mit Sesamsamen bestreuen und servieren.

GEBRATENES AUS DEM OFEN

Ein großer Braten eignet sich bestens für besondere Anlässe. Die Vorbereitung ist zwar etwas aufwendiger, aber dann gart das Fleisch langsam im Ofen und benötigt wenig Aufmerksamkeit.

FÜR 8–10 PERSONEN

1 TK-Truthahn (4–5 kg), aufgetaut
50 g weiche Butter

KASTANIENFÜLLUNG

100 g Frühstücksspeck, gewürfelt
250 g Esskastanien (vorzugsweise
   vakuumverpackt), gehackt
50 g Brotkrumen von frischem
   Weißbrot
1 Ei, leicht verquirlt
½ Bund Brunnenkresse,
   die Blätter fein gehackt
Salz, frisch gemahlener Pfeffer

GEBRATENER TRUTHAHN MIT KASTANIENFÜLLUNG

1 Für die Füllung den Frühstücksspeck in einer beschichteten Pfanne bei mittlerer Hitze anbraten, bis Fett austritt. Er soll schön knusprig werden. Die Kastanien zugeben und 10 Minuten unter Rühren anbraten, dann die Brotkrumen zufügen.

2 In eine Schüssel geben und abkühlen lassen. Dann das verquirlte Ei und die Brunnenkresse unterheben; mit Salz und Pfeffer würzen. Alles gut vermischen.

3 Den Backofen auf 180 °C (Umluft 170 °C) vorheizen. Die kalte Füllung mit einem Löffel in die Halsöffnung des Vogels geben, die Haut darüberziehen und mit einer Rouladennadel feststecken. Die Flügelspitzen einschlagen und die Flügel mit Küchengarn über dem Rücken zusammenbinden. Die Schenkel mit Garn über dem Bürzel zusammenbinden (siehe Seite 170).

4 Den Truthahn mit Butter bestreichen, salzen und pfeffern. Mit der Brust nach oben auf den Rost eines Bräters legen. Ein Fleischthermometer – falls vorhanden – an der dicksten Stelle in einen Schenkel stechen, jedoch nicht bis zum Knochen.

5 Den Truthahn im Backofen 3–3 ½ Stunden braten. Für die Garprobe mit einem Spießchen in den Schenkel stechen. Wenn klare Flüssigkeit austritt, ist das Fleisch gar. Das Fleischthermometer soll 90 °C anzeigen. Wenn der Truthahn braun wird, bevor er gar ist, mit Alufolie bedecken. Nach dem Ende der Garzeit den Vogel in Alufolie einschlagen und ruhen lassen, während die Sauce zubereitet wird (siehe Seite 41).

FILET WELLINGTON

FÜR 4 PERSONEN

800 g Rinderfilet
25 g weiche Butter
Salz, frisch gemahlener Pfeffer
Mehl für die Arbeitsfläche
350 g TK-Blätterteig,
  aufgetaut
1 großes Ei, leicht verquirlt

1 Den Backofen auf 220 °C (Umluft 200 °C) vorheizen. Das Filet sorgfältig von Sehnen und Häuten befreien und in eine kleine Bratreine legen. Mit weicher Butter bestreichen, salzen und pfeffern. Im Ofen 20 Minuten (blutig) oder 30 Minuten (medium) braten. Aus dem Ofen nehmen und abkühlen lassen.

2 Die Blätterteigscheiben auf einer leicht bemehlten Arbeitsfläche aufeinanderlegen und zu einem Rechteck ausrollen; es sollte 20 cm länger sein als das Fleisch und in der Breite gut dreimal die Dicke des Filets ausmachen.

3 Das Fleisch in die Mitte der Teigplatte setzen. Die Längsseiten des Teigs über das Filet schlagen, wobei sie sich etwa 3 cm überlappen sollen. Den unten liegenden Teigrand mit Ei bepinseln und den oberen gut darauf festdrücken. Das Päckchen mit der Naht nach unten auf ein Backblech legen. Die Teigenden zusammenfalten und unter das Päckchen stecken, wobei man überflüssigen Teig abschneidet.

4 Das Paket mit dem verquirlten Ei bestreichen. Die abgeschnittenen Teigreste in schmale Streifen schneiden und das Paket damit gitterartig verzieren. Das Filet kann nun gebacken oder auch im Kühlschrank bis zu 12 Stunden aufbewahrt werden.

5 Den Backofen wieder auf auf 220 °C (Umluft 200 °C) vorheizen. Das Filetpaket 30 Minuten backen. Wenn es zu schnell bräunt, mit Alufolie bedecken. In dicke Scheiben schneiden und servieren.

FÜR 4–6 PERSONEN

1 großes Ei, leicht verquirlt
2 Lammkarrees, vom Metzger
  pariert und ausgelöst
40 g Brotkrumen von frischem
  Weißbrot
je 2 EL fein gehackte Petersilie
  und Minze
2 Frühlingszwiebeln, in feine
  Streifen geschnitten
1 Knoblauchzehe, geschält und
  zerdrückt
abgeriebene Schale von
  1 unbehandelten Zitrone
Salz, frisch gemahlener Pfeffer

LAMMKARREE MIT KRÄUTERKRUSTE

1 Den Backofen auf 200 °C (Umluft 190 °C) vorheizen. Die Lammkarrees auf der Fettseite mit dem Ei bestreichen; 1 EL Ei übriglassen.

2 Brotkrumen, Kräuter, Frühlingszwiebeln, Knoblauch und Zitronenschale in einer Schüssel miteinander vermengen, salzen und pfeffern. Das restliche verquirlte Ei unterrühren; es soll eine feuchte Paste entstehen.

3 Die Paste je zur Hälfte auf der Fettseite der Lammkarrees verteilen.

4 Die Lammkarrees mit der Kräuterkruste nach oben in eine Bratreine setzen, wobei die Knochen gegeneinander gewandt sind. 40–50 Minuten (medium-blutig) oder 1 Stunde (medium) braten.

5 Die Lammkarrees aus dem Backofen nehmen, mit Alufolie bedecken und an einem warmen Platz 10 Minuten ruhen lassen. Dann aufschneiden. Zwiebelsauce (siehe Seite 24/25) passt wunderbar dazu.

BEILAGEN

Bei besonderen Anlässen können Sie – zu Fleisch oder Geflügel – ein oder zwei dieser Beilagen servieren. Hinweise zur Zubereitung von Kartoffeln in jeder Form finden Sie auf den Seiten 192–195. Die Kochzeiten für Gemüse sind auf den Seiten 247/248 zu finden.

SÜSSSAURER ROTKOHL

FÜR 4–6 PERSONEN

1 kg Rotkohl, den Strunk entfernt und in breite Streifen geschnitten

500 g Tafeläpfel, geschält, entkernt, geviertelt und in dünne Scheiben geschnitten

250 g Zwiebeln, geschält und fein gehackt

3 EL Weinessig

3 EL brauner Zucker

1 Msp. gemahlener Zimt

1 große Knoblauchzehe, geschält und zerdrückt

Salz, frisch gemahlener Pfeffer

Auf diese Weise zubereitet, verliert der Rotkohl seine leuchtend bläuliche Farbe und wird stattdessen rötlich-braun. Auch aufgewärmt schmeckt er hervorragend, weshalb man ihn bis zu zwei Tage im Voraus zubereiten kann.

1 Den Backofen auf 150 °C (Umluft 140 °C) vorheizen. Alle Zutaten in einem großen ofenfesten Topf vermengen und auf dem Herd zum Kochen bringen; dabei immer wieder gut umrühren.

2 Den Topf zudecken und in den Ofen stellen. 2–2 ½ Stunden schmoren lassen, bis der Kohl sehr weich ist. Unterdessen mehrmals umrühren. Sofort servieren oder aber den Ofen abschalten und den Topf stehen lassen – der Rotkohl bleibt im ausgeschalteten Ofen noch mindestens eine halbe Stunde heiß.

WIRSING AUS DEM WOK

FÜR 4 PERSONEN

2 EL Olivenöl

1 große Zwiebel, geschält und in dünne Scheiben geschnitten

2 Knoblauchzehen, geschält und zerdrückt

1 kleiner Wirsing, den Strunk entfernt, in feine Streifen geschnitten

2 EL helle Sojasauce

1 Einen Wok oder eine große, tiefe Pfanne in 1–2 Minuten sehr heiß werden lassen. 1 EL Öl hineingeben und warten, bis es eben zu rauchen beginnt. Die Hitze auf mittlere Stufe reduzieren, Zwiebel und Knoblauch darin unter Rühren 2 Minuten anbraten.

2 Den zweiten EL Öl zugeben, dann den Wirsing. Unter Rühren 2 Minuten braten, dann die Sojasauce darüberträufeln und alles gut durchmengen.

TIPP

Statt der Sojasauce kann man auch einen großen Esslöffel grobkörnigen Senf zugeben.

GEBACKENER FENCHEL

FÜR 6 PERSONEN

6 kleine Fenchelknollen

Salz, frisch gemahlener Pfeffer

1 EL Olivenöl

40 g frischer Parmesan, gerieben

1 Den Backofen auf 220 °C (Umluft 210 °C) vorheizen. Von den Fenchelknollen die grünen Stängel zum großen Teil abschneiden und den Wurzelansatz sauber wegschneiden; die Knollen sollen aber noch zusammenhalten. Dann längs halbieren.

2 Einen großen Topf zur Hälfte mit Wasser füllen und zum Kochen bringen. 2 TL Salz zugeben und die Fenchelknollen darin etwa 10 Minuten garen, bis sie fast weich sind. In einem Durchschlag abtropfen lassen.

3 Den Fenchel mit der Schnittseite nach oben in eine Auflaufform setzen. Mit Salz und Pfeffer würzen und das Öl darüberträufeln. Zuletzt mit dem geriebenen Parmesan bestreuen.

4 Etwa 20 Minuten im vorgeheizten Ofen backen, bis der Fenchel ganz zart (mit einem Spießchen prüfen) und der Käse goldbraun ist.

SEMMELKNÖDEL

FÜR 6–8 KNÖDEL

6 Brötchen vom Vortag
Salz
125 ml lauwarme Milch
30 g Butter
1 kleine Zwiebel, fein gehackt
2 EL gehackte Petersilie
2 Eier
1 EL Mehl
frisch geriebene Muskatnuss
frisch gemahlener Pfeffer

Die Semmelknödel eignen sich hervorragend als Beilage zu Saucengerichten aller Art.

1 Die Brötchen in feine Scheiben oder Würfel schneiden und in eine Schüssel geben. Salzen, mit der Milch übergießen, kurz durchmischen und zugedeckt 30 Minuten ziehen lassen.

2 Die Butter in einer Pfanne erhitzen. Zwiebel und Petersilie darin kurz anbraten und zu den Brötchen geben. Eier, Mehl, Salz, Muskat und Pfeffer hinzufügen und alles gut verkneten. Sollte der Teig zu klebrig sein, noch etwas Mehl zugeben.

3 In einem großen Topf Salzwasser zum Kochen bringen. Mit feuchten Händen aus der Teigmasse gleichmäßig große Knödel formen. Knödel in das kochende Wasser geben und bei mittlerer Temperatur und schräg aufliegendem Deckel etwa 20 Minuten ziehen lassen. Sobald sie an die Oberfläche steigen, sind sie gar. Mit einem Schaumlöffel herausheben, abtropfen lassen und sofort servieren.

KARTOFFELGRATIN

FÜR 4 PERSONEN

800 g vorwiegend festkochende
Kartoffeln, gewaschen und
geschält
40 g Butter
Salz, frisch gemahlener Pfeffer
200 ml Milch
200 g Sahne
100 g geriebener Käse (Gruyère,
mittelalter Gouda oder Raclette)

1 Die Kartoffeln in möglichst dünne Scheiben schneiden. Den Backofen auf 200 °C (Umluft 180 °C) vorheizen.

2 Eine ofenfeste Form mit etwas Butter ausfetten und die Kartoffeln darin wie Dachziegel schichten. Salzen und Pfeffern.

3 Milch und Sahne mischen und gleichmäßig über die Kartoffeln gießen. Den Käse darüberstreuen, die restliche Butter in Flöckchen daraufsetzen. Die Form in den heißen Backofen schieben und auf der mittleren Schiene etwa 45 Minuten backen.

4 Das Kartoffelgratin aus dem Ofen nehmen und vor dem Servieren 10 Minuten mit Alufolie abgedeckt ruhen lassen; so können die Kartoffeln die Flüssigkeit aufsaugen und alle Aromen können sich entfalten.

RATATOUILLE

FÜR 4–6 PERSONEN

4 El bestes Olivenöl

1 große Zwiebel, geschält und
  in Achtel geschnitten

1 große Aubergine, in etwa 1 cm
  dicke Scheiben geschnitten

4 kleine Zucchini (etwa 300 g),
  in Scheiben geschnitten

6 Tomaten, enthäutet, halbiert
  und entkernt

1 große rote Paprikaschote, halbiert, die Samen entfernt und in
  Streifen geschnitten

1 große Knoblauchzehe, geschält
  und zerdrückt

1 TL Zucker

Salz, frisch gemahlener Pfeffer

1 EL gehacktes Basilikum

Wenn Sie knackiges Gemüse bevorzugen, reduzieren Sie die Kochzeit auf die Hälfte und garen Sie die Zucchini nur 5 Minuten mit,
sodass sie ihre frische grüne Farbe und ihre Festigkeit bewahren.

1 Das Öl in einer großen beschichteten Pfanne erhitzen. Die Zwie-
belachtel darin bei mittlerer Hitze etwa 10 Minuten braten, bis sie
weich werden; dabei öfter umrühren.

2 Das restliche Gemüse zugeben, dann Knoblauch, Zucker, Salz
und Pfeffer. Einmal gut umrühren. Den Topf mit einem Deckel
verschließen und alles bei geringer Hitze etwa 45 Minuten köcheln
lassen; ab und zu umrühren. Das Gemüse soll weich werden, aber
nicht zerfallen. Mit Basilikum bestreuen und servieren.

SALATE

Fertig vorbereitete Blattsalate aus dem Supermarkt mögen Zeit sparen, sind für den qualitätsbewussten Koch aber nur ein Notbehelf. Die folgenden Rezepte werden Ihr Repertoire an Salaten um einige interessante Varianten bereichern.

FÜR 6 PERSONEN

4–6 Frühlingszwiebeln, geputzt
  und in Ringe geschnitten
6 Stangen Sellerie, geputzt
  und schräg in dünne Scheiben
  geschnitten
1 kleine Fenchelknolle, geputzt,
  in dünne Scheiben geschnitten
4–6 EL Vinaigrette
  (siehe Seite 211)
200 g gemischter Blattsalat
1 kleiner Kopfsalat
½ Salatgurke, längs halbiert und in
  dicke Scheiben geschnitten
etwa 50 g Rucola, junger Spinat
  oder Feldsalat
Salz, frisch gemahlener Pfeffer

BUNTER SALAT

1 In einer großen Schüssel Frühlingszwiebeln, Sellerie und Fenchel gut mit der Vinaigrette vermengen.

2 Den gemischten Blattsalat und den Kopfsalat sowie Rucola, Spinat oder Feldsalat waschen, trocken schleudern und in mundgerechte Stücke reißen.

3 Die Hälfte der Gurke und der Salatblätter in die Schüssel geben. Mit Salz und Pfeffer würzen, dann den Rest der Gurke und der Salatblätter zugeben. Durchmengen und servieren.

SALATSAUCEN

Selbstgemachte Saucen sind sehr viel besser als fertig gekaufte. Für Zutaten, Mengen und weitere Informationen siehe Seite 211.

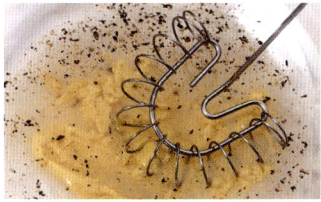

Für eine Vinaigrette Essig, Öl und Gewürze von Hand gut verrühren.

Für Mayonnaise Eigelb, Öl und Gewürze in einem Mixer verarbeiten.

FÜR 4 PERSONEN

250 g Mozzarella
4 große Tomaten, gewaschen und
   der Stielansatz entfernt
1 Bund Rucola, geputzt und
   getrocknet
1 großes Bund Basilikum, geputzt
   und die Blätter abgezupft
4 EL bestes Olivenöl
Salz, frisch gemahlener schwarzer
   Pfeffer

INSALATA CAPRESE

1 Den Mozzarella abtropfen lassen.

2 Tomaten und Mozzarella in Scheiben schneiden. Den Rucola auf einer Platte anrichten. Abwechselnd Tomate, Mozzarella und Basilikum kreisförmig auf dem Rucolabett schichten.

3 Mit Olivenöl beträufeln und mit Salz und Pfeffer würzen.

TIPP

Diese Mengenangaben gelten, wenn der Salat als Vorspeise gereicht wird. Soll er, mit frischem Weißbrot, als leichte Hauptspeise serviert werden, nimmt man die doppelte Menge an Zutaten.

FÜR 4 PERSONEN

1 großer Kopfsalat
30 g Rucola
50 g Sardellen in Öl, abgetropft
  (nach Belieben)
30 g Butter
4 Scheiben Weißbrot, entrindet
  und gewürfelt
50 g Parmesan, gerieben oder
  gehobelt

DRESSING

100 g Mayonnaise
Saft von ½ Zitrone
2 TL Worcestersauce
1 Knoblauchzehe, geschält
  und zerdrückt
1 EL Olivenöl
Salz, frisch gemahlener Pfeffer

CAESAR-SALAT

Das klassische Dressing für Caesar-Salat wird mit rohem oder sehr kurz gekochtem Ei angerichtet, hier wird Mayonnaise verwendet.

1 Für das Dressing alle Zutaten in einer Schüssel verrühren.

2 Die Salatblätter waschen, trocken schleudern, in Stücke reißen und in eine große Schüssel geben. Werden Sardellen verwendet, diese klein schneiden und auf den Salat geben. Butter in einer Pfanne erhitzen und die Brotwürfel darin einige Minuten knusprig braten. Die fertigen Croûtons und den Parmesan über den Salat streuen.

3 Das Dressing über den Salat gießen und vorsichtig unterheben.

VARIANTE: CAESAR-SALAT MIT HUHN

2 Hühnerbrustfilets in dünne Scheiben schneiden, bei großer Hitze in einer Pfanne rasch garen und unter den Salat mischen.

MEDITERRANER NUDELSALAT

FÜR 4 PERSONEN

500 g Hörnchennudeln
½ Glas in Öl eingelegte getrocknete Tomaten
100 g TK-Erbsen
250 g Schafskäse, gewürfelt
3 EL Saurrrahm
3 EL weißer Balsamicoessig
(oder Weißweinessig)
3 EL bestes Olivenöl
Salz, frisch gemahlener Pfeffer
3 EL Pinienkerne

1 Die Nudeln nach Packungsanweisung bissfest kochen. Abgießen und kalt abschrecken, damit sie nicht weitergaren und nicht verkleben.

2 Die getrockneten Tomaten abtropfen lassen und in feine Streifen schneiden. Die Erbsen nach Packungsanweisung garen, kalt abschrecken.

3 In einer großen Schüssel Nudeln, Tomaten, Erbsen und Schafskäse vermischen.

4 Den Sauerrahm in einer anderen Schüssel mit Essig und Öl verrühren, salzen und pfeffern. Mit den anderen Zutaten in der großen Schüssel gut vermengen. Zugedeckt mindestens 1 Stunde durchziehen lassen.

5 Die Pinienkerne in einer Pfanne ohne Fett goldbraun rösten. Vor dem Servieren über den Nudelsalat streuen.

SCHWÄBISCHER KARTOFFELSALAT

FÜR 4 PERSONEN

800 g festkochende Kartoffeln
1 TL Kümmel (nach Belieben)
Salz
100 ml Fleisch- oder Gemüsebrühe
2 Schalotten (oder kleine Zwiebeln), geschält und fein gehackt
2 EL Weißweinessig
3 EL Pflanzenöl
(z. B. Sonnenblumenöl)
frisch gemahlener Pfeffer
½ Bund Schnittlauch, gewaschen und in feine Röllchen geschnitten

1 Die Kartoffeln waschen, in einen Topf geben und mit Wasser bedecken. Nach Belieben Kümmel hinzufügen; er intensiviert das Aroma der Kartoffeln, wird später aber nicht mitgegessen. Das Wasser zum Kochen bringen und die Kartoffeln halb zugedeckt bei mittlerer Temperatur in etwa 25 Minuten weich kochen.

2 Die Kartoffeln abgießen und kurz ausdampfen lassen. Pellen, in Scheiben schneiden, in eine Schüssel geben und leicht salzen.

3 Die Brühe aufkochen, die Schalottenwürfel hineingeben und den Topf vom Herd nehmen. Essig und Öl unterrühren und die Mischung über die Kartoffeln gießen. Vorsichtig mischen und mit Salz und Pfeffer abschmecken.

4 Den Schnittlauch über den Kartoffelsalat streuen. Am besten lauwarm servieren.

VARIANTE: KARTOFFELSALAT MIT MAYONNAISE

Den Schritten 1–3 wie oben folgen. 4 große Gewürzgurken sowie 1 säuerlichen Apfel würfeln und zum Salat geben. Mindestens 1 Stunde durchziehen lassen. Mit 150 g Mayonnaise mischen und mit Schnittlauchröllchen garnieren.

SALADE NIÇOISE

FÜR 6 PERSONEN

250 g kleine junge Kartoffeln
Salz, frisch gemahlener Pfeffer
250 g grüne Bohnen, geputzt
  und halbiert
1 Knoblauchzehe, geschält und
  zerdrückt
1 EL gehackte Petersilie
1 EL gehacktes Basilikum
4 EL Vinaigrette (siehe Seite 211),
  ohne Senf zubereitet
1 Kopfsalat, gewaschen
100 g Kirschtomaten, halbiert
4 hart gekochte Eier, abgekühlt
  und in Spalten geschnitten
400 g Thunfisch in Öl, abgetropft
  und zerpflückt
50–75 g schwarze Oliven
50 g Sardellenfilets in Öl
  (aus der Dose)
2–3 Frühlingszwiebeln, geputzt
  und in Scheiben geschnitten

1 Die Kartoffeln in Salzwasser in 15–20 Minuten weich kochen.

2 Unterdessen in einem anderen Topf mit sprudelnd kochendem Salzwasser die grünen Bohnen 5 Minuten blanchieren. Abgießen und mit kaltem Wasser abbrausen.

3 Kartoffeln abtropfen und etwas abkühlen lassen, bis man sie problemlos mit den Fingern anfassen kann; dann in Scheiben schneiden und ganz auskühlen lassen.

4 Knoblauch und Kräuter zur Vinaigrette geben, gut verrühren und abschmecken.

5 Auf vier Tellern die Salatblätter im Kreis auslegen. Abwechselnd Kartoffeln, Tomaten und Eier dekorativ daraufsetzen.

6 In die Mitte kommt der Thunfisch, umgeben von den schwarzen Oliven und verziert mit einem Gitter aus Sardellenfilets. Alles mit klein geschnittenen Frühlingszwiebeln bestreuen und mit der Vinaigrette begießen. Die Teller zugedeckt im Kühlschrank etwa 1 Stunde kalt stellen, dann servieren.

VARIANTE: LACHS-NIÇOISE

4 kleine Lachsfilets von beiden Seiten je 2 Minuten braten (siehe Seite 30/31). Statt dem Thunfisch 1 Lachsfilet in die Tellermitte setzen (Sardellen weglassen) und mit der Vinaigrette beträufeln.

DESSERTS

Süße Cremes, Zubereitungen mit Obst, Quarkspeisen oder Kuchen – in diesem Kapitel finden Sie verführerische Desserts, die mit zartem Schmelz, fruchtiger Frische und/oder appetitlichen Farben einen üppigen Hauptgang abrunden.

FÜR 4 PERSONEN

100 g Bitterschokolade
  (70 % Kakao)
1 EL Milch
3 Eier
1 Päckchen Vanillezucker
100 g Sahne

ZUM GARNIEREN

Frische Beeren der Saison

MOUSSE AU CHOCOLAT

1 Die Schokolade in kleine Stücke brechen. Mit der Milch in eine Metallschüssel geben. Diese ins heiße Wasserbad stellen und die Schokolade langsam schmelzen lassen, dabei gelegentlich umrühren.

2 Die Eier trennen. Eigelbe mit Vanillezucker in einer Schüssel mit dem Handrührgerät schaumig schlagen. Die flüssige Schokolade esslöffelweise dazugeben.

3 Eiweiß und Sahne in getrennten Bechern mit dem Handrührgerät steif schlagen. Erst die Sahne mit dem Eischnee mischen, dann die Mischung unter die Schokoladencreme ziehen.

4 Die Mousse in eine kalt ausgespülte Schüssel oder in kalt ausgespülte Portionsgläser füllen und im Kühlschrank mindestens 3 Stunden kalt stellen.

5 Mit frischen Beeren der Saison anrichten.

MANGO-ANANAS-SORBET

Für 1 Liter

3 große reife Mangos (etwa 1 kg),
  geschält und entsteint
200 g frische Ananas, in kleine
  Stücke geschnitten
150 g Zucker
3 EL Limettensaft
1 EL Rum oder Wodka

1 Das Fruchtfleisch der Mangos pürieren. Etwa 750 ml Mangopüree werden benötigt.

2 Ananasstückchen, Zucker, Limettensaft sowie Rum oder Wodka gründlich einrühren. Zudecken und für 1 Stunde in den Kühlschrank stellen.

3 Nochmals umrühren, in eine flache Schüssel füllen und ins Tiefkühlfach geben. Für mindestens 3 Stunden gefrieren lassen, dabei mehrmals umrühren.

4 Mit einem Eisportionierer Kugeln formen und das Sorbet in Dessertschälchen anrichten.

BRATÄPFEL

FÜR 4–6 PERSONEN

4 große Kochäpfel
50 g brauner Zucker
50 g Butter

1 Den Backofen auf 180 °C (Umluft 170 °C) vorheizen. Von den ungeschälten Äpfeln mit einem Ausstecher das Kernhaus ausstechen. Die Äpfel am »Äquator« ringsum leicht einschneiden; das verhindert, dass sie aufplatzen. In eine Auflaufform setzen.

2 Den Zucker in die Höhlung der Äpfel geben und auf jede Frucht etwas Butter setzen. 2 EL Wasser in die Auflaufform gießen. Die Äpfel 35–40 Minuten backen, bis sie weich sind. Zucker und Butter bilden mit dem Saft der Äpfel eine sirupartige Sauce, die man über die Äpfel träufelt. Heiß servieren. Dazu passen Schlagsahne oder Vanilleeiscreme.

VARIANTE: GEWÜRZÄPFEL

100 g Rosinen, 75 g Demerarazucker und 1 Msp. gemahlenen Zimt vermengen und die Bratäpfel damit füllen. Backen wie oben.

FÜR 4 PERSONEN

500 g Sahne
1 Vanilleschote
5 sehr frische Eigelb
50 g Puderzucker
1 Prise Salz
5 EL brauner Zucker

CRÈME BRÛLÉE

1 Die Sahne in einen Topf mit schwerem Boden gießen. Die Vanilleschote längs aufschlitzen, das Mark herausschaben und mitsamt der Schote zu der Sahne geben. Zum Kochen bringen, dann vom Herd nehmen und 10 Minuten ziehen lassen. Die Vanilleschote herausnehmen.

2 Die Eigelbe erst mit Puderzucker und Salz, dann mit der Vanillesahne verrühren.

3 Den Backofen auf 120°C (Umluft 100°C) vorheizen. Die Sahne-Ei-Mischung in flache, hitzebeständige Förmchen füllen und diese auf ein tiefes Backblech stellen. So viel Wasser auf das Backblech gießen, dass die Förmchen zur Hälfte bedeckt sind.

4 Die Creme im Ofen in 50–60 Minuten stocken lassen. Herausnehmen und für etwa 4 Stunden (oder über Nacht) mit Alufolie bedeckt in den Kühlschrank stellen.

5 Vor dem Servieren die gekühlte Creme dünn mit braunem Zucker bestreuen. Den Backofengrill vorheizen und die Förmchen für etwa 30 Sekunden unter die Grillspirale stellen, bis die Zuckerschicht karamellisiert und eine schöne braune Farbe angenommen hat. Die Ofentür bleibt dabei leicht geöffnet. Sofort servieren.

TIPP

Sie können die Creme auch in eine große ofenfeste Form füllen, dann verlängert sich die Backzeit um etwa 15 Minuten.

OBSTQUARK

FÜR 4 PERSONEN

gemischtes Obst nach Wahl (z. B.
  Erdbeeren, Himbeeren, Aprikosen,
  Pflaumen oder Nektarinen)

QUARKCREME

500 g Speisequark (20 %)
150 g Magermilchjoghurt
2 Päckchen Vanillezucker
3 EL frisch gepresster Zitronensaft
etwas Milch (nach Bedarf)
4 EL Mandelstifte

1 Das Obst putzen, waschen und in mundgerechte Stücke schneiden. Einige ganze Früchte (Beeren) oder Stücke zum Dekorieren beiseitestellen.

2 Für die Creme den Quark mit Joghurt, Vanillezucker und Zitronensaft zu einer geschmeidigen Creme verrühren. Wenn die Creme zu dick ist, etwas Milch hinzufügen.

3 Die Früchte unter den Quark heben. Die Mandelstifte ohne Fett in einer Pfanne rösten. Den Obstquark auf Portionsschälchen verteilen, mit den zurückbehaltenen Früchten und Mandelsplittern dekorieren und servieren.

VARIANTE: QUARK-SCHICHTSPEISE

Färbendes Obst wie Himbeeren oder Brombeeren verwenden. Den Schritten 1 und 2 wie oben folgen. Nur die Hälfte der Quarkcreme mit den Früchten vermischen. In Glasschälchen abwechselnd den farbigen Fruchtquark mit der weißen Quarkcreme schichten. Ebenfalls mit gerösteten Mandelstiften und Früchten dekorieren.

FÜR 6 PERSONEN

200 ml starker Espresso, ausgekühlt
4 cl Amaretto (oder Apfelsaft)
3 Eier
3 EL Zucker
1 Päckchen Vanillezucker
abgeriebene Schale von 1 unbehandelten Zitrone
250 g Mascarpone
250 g Löffelbiskuits
3 EL Kakaopulver

TIRAMISU

1 Espresso mit dem Amaretto oder dem Apfelsaft mischen und kalt stellen. Die Eier trennen. Die Eigelbe mit Zucker und Vanillezucker mit dem Handrührgerät zu einer dickschaumigen Creme schlagen. Die Zitronenschale untermischen.

2 Den Mascarpone esslöffelweise unter die Eiercreme heben. Die Eiweiße steif schlagen und vorsichtig unterziehen.

3 Die Hälfte der Löffelbiskuits in eine flache Form legen und mit der Hälfte der Espressomischung beträufeln. Die Hälfte der Mascarponecreme darauf verteilen.

4 Die übrigen Löffelbiskuits darauflegen, wieder mit dem Espresso beträufeln und mit der restlichen Creme bestreichen. Das Tiramisu zugedeckt für mindestens 2 Stunden in den Kühlschrank stellen, damit es durchziehen kann. Vor dem Servieren dick mit Kakaopulver bestäuben.

FÜR 6 PERSONEN

500 g Früchte (z. B. Äpfel, Birnen,
   Pfirsiche oder Nektarinen)
125 ml trockener Weißwein (oder
   Apfelsaft)
1 Päckchen Vanillezucker

STREUSEL

100 g Mehl
100 g gemahlene Mandeln
100 g Zucker
150 g kalte Butter plus etwas für
   die Form

DAZU PASST

Vanilleeis, Schlagsahne oder
   Vanillesauce

FRÜCHTE MIT STREUSELN

1 Den Backofen auf 175 °C (Umluft 160 °C) vorheizen. Eine runde Auflaufform (30 cm Ø) einfetten. Die Früchte waschen, schälen, entkernen und in mundgerechte Stücke schneiden. Mit Wein oder Apfelsaft und Vanillezucker vermischen und in die Form geben.

2 Für die Streusel Mehl, Mandeln und Zucker in einer Schüssel vermischen. Die Butter in Flöckchen schneiden und untermengen. Die Mischung mit den Händen zu Bröseln verarbeiten und über der Fruchtschicht verteilen.

3 In etwa 30 Minuten im Ofen goldbraun backen. Warm servieren – entweder pur oder mit Eis, Schlagsahne oder Vanillesauce.

GESTÜRZTER ANANASKUCHEN

FÜR 6 PERSONEN

75 g weiche Butter
60 g brauner Zucker
5 Ringe Ananas (aus der Dose,
   ungezuckert)
15 Belegkirschen

TEIG

125 g Butter oder Margarine
125 g Zucker
175 g Mehl
2 Tl Backpulver
2 große Eier
2 EL Ananassaft aus der Dose
   (siehe oben)

1 Den Backofen auf 180 °C (Umluft 170 °C) vorheizen. Die Butter in einem Töpfchen bei niedriger Temperatur schmelzen und in eine Tarteform (20 cm Ø) gießen, Zucker darüberstreuen.

2 Die Ananas abtropfen lassen, Saft auffangen. Die Ringe, wie rechts zu sehen, zurechtschneiden und die Form damit auslegen. Lücken mit Belegkirschen füllen.

3 Für den Teig Butter oder Margarine, Zucker, Mehl, Backpulver, Eier sowie den Ananassaft in eine Schüssel geben. Alles mit dem elektrischen Handrührgerät bei niedriger Geschwindigkeit in 2 Minuten zu einem glatten Teig verrühren. Die Mischung soll zäh von den Rührbesen fallen. Wenn nötig, noch etwas Ananassaft teelöffelweise unterrühren.

4 Den Teig gleichmäßig über den Ananasringen verteilen. Dabei achtgeben, dass das Früchtearrangement nicht verschoben wird. Etwa 45 Minuten backen, bis der Teig gut aufgegangen ist und auf leichten Druck elastisch nachgibt. Wenn der Kuchen braun wird, bevor er gar ist, lose mit Alufolie bedecken.

5 Eine Kuchenplatte kopfüber auf die Form legen, beides fest zusammenhalten und zügig umdrehen. Form vorsichtig abnehmen. Kuchen auf Raumtemperatur abkühlen lassen und servieren.

KUCHEN & KEKSE

**Feines aus eigener Bäckerei sollte es nicht nur zu besonderen Gelegenheiten geben.
Spaß beim Backen hat man aber nur, wenn der Erfolg sicher ist – hier eine kleine Auswahl
altbewährter Rezepte, auf die Sie immer zurückgreifen können.**

FÜR 1 BACKBLECH

TEIG
200 g Magerquark
6 EL Milch
8 EL Öl
1 Ei
150 g Zucker
1 Päckchen Vanillezucker
400 g Mehl
1½ Päckchen Backpulver
1 Prise Salz
Butter für das Backblech

BELAG
1 kg Pflaumen, gewaschen,
  halbiert und entsteint

STREUSEL
150 g Butter
200 g Zucker
1 Päckchen Vanillezucker
300 g Mehl
1 Prise Zimt

PFLAUMENKUCHEN VOM BLECH

1 Den Backofen auf 190 °C vorheizen. Alle Zutaten für den Teig in eine Schüssel geben und mit den Knethaken des elektrischen Handrührgeräts verkneten. Ein Backblech fetten und den Teig darauf ausrollen.

2 Die Pflaumen dachziegelartig auf dem ausgerollten Teig verteilen.

3 Für die Streusel Butter, Zucker, Vanillezucker, Mehl und Zimt mit den Händen zu Streuseln verarbeiten. Diese gleichmäßig über die Pflaumen streuen.

4 Den Blechkuchen auf der mittleren Schiene des Backofens 45 Minuten backen, abkühlen lassen und servieren.

TIPP

Für diesen Kuchen können Sie auch Pflaumen aus dem Glas oder anderes Obst wie Kirschen, Äpfel oder Rhabarber verwenden.

SCHOKO-BROWNIES

FÜR 20 STÜCK

250 g Butter oder Margarine
350 g brauner Zucker
4 große Eier
50 g Kakaopulver, gesiebt
250 g Mehl
2 TL Backpulver
75–100 g Walnüsse, grob gehackt
  (nach Belieben)

GUSS

25 g weiche Butter
3 EL Kakaopulver, gesiebt
250 g Puderzucker, gesiebt

Wunderbare Brownies sind das Ergebnis dieses einfachen »Alles-auf-einmal«-Rezepts.

1 Den Backofen auf 180 °C (Umluft 160 °C) vorheizen. Eine rechteckige Backform (etwa 30 x 24 cm) mit 1 EL Butter oder Margarine gut fetten.

2 Restliche Butter oder Margarine, Zucker, Eier, Kakaopulver, Mehl und Backpulver in eine große Schüssel geben und mit dem elektrischen Handrührgerät bei niedriger Geschwindigkeit in 2–3 Minuten zu einem glatten Teig verrühren. Nach Belieben Walnüsse unterrühren.

3 Den Teig gleichmäßig in der Form verteilen und 40–45 Minuten backen; für die letzten 10 Minuten lose mit Alufolie bedecken. Die Garprobe machen. Den Kuchen in der Form auf Handwärme abkühlen lassen, dann auf ein Gitter stürzen und vollständig auskühlen lassen.

4 Für den Guss Butter und Kakaopulver in eine Schüssel geben und 4 EL kochendes Wasser löffelweise darunterrühren, bis eine glatte Creme entstanden ist. Den Puderzucker unterrühren. Abkühlen lassen.

5 Den Guss mit einem Palettenmesser gleichmäßig auf dem Kuchen verstreichen. Guss fest werden lassen und den Kuchen in Stücke schneiden.

FÜR 12 STÜCK

2 große Eier
75 g Zucker
250 ml Milch
100 g Butter, zerlassen,
  raumtemperiert
1 TL gemahlene Vanille oder
  1 Päckchen Vanillezucker
abgeriebene Schale von
  1 unbehandelten Zitrone
300 g Mehl
3 TL Backpulver
250 g Blaubeeren

BLAUBEERMUFFINS

1 Den Backofen auf 200 °C (Umluft 190 °C) vorheizen. Die Vertiefungen eines 12er-Muffinblechs mit Papierförmchen auskleiden.

2 Eier, Zucker, Milch, zerlassene Butter, gemahlene Vanille oder Vanillezucker und Zitronenschale in eine Schüssel geben und alles gut miteinander verrühren. Mehl und Backpulver darübersieben und dann vorsichtig unterheben. Der Teig darf noch etwas ungleichmäßig aussehen. Die Blaubeeren auf den Teig geben und vorsichtig unterheben.

3 Den Teig mit einem Löffel gleichmäßig auf die 12 Förmchen verteilen. 25–30 Minuten backen; die Muffins sollen gut aufgegangen und oben leicht aufgeplatzt sein. Muffins im Papier aus dem Blech nehmen und auf einem Gitter abkühlen lassen. Am besten schmecken sie noch leicht warm.

SCHOKOLADENKEKSE

FÜR 24 STÜCK

75 g Butter oder Margarine
100 g Zucker
1 großes Ei
175 g Mehl
1 leicht gehäufter TL Backpulver
½ TL gemahlene Vanille oder
 ½ Päckchen Vanillezucker
50 g Zartbitterschokolade,
 gehackt
50 g Haselnüsse, gehackt

1 Den Backofen auf 180 °C (Umluft 170 °C) vorheizen. Ein Backblech mit Backpapier auslegen.

2 Butter oder Margarine, Zucker, das Ei, Mehl, Backpulver und gemahlene Vanille oder Vanillezucker in eine große Schüssel geben und mit dem elektrischen Handrührgerät bei niedriger Geschwindigkeit in 2 Minuten zu einem glatten Teig verrühren. Schokolade und Nüsse unterziehen.

3 Den Teig dreiteilen (jedes Drittel soll 8 Kekse ergeben). Mithilfe von 2 Teelöffeln 8 gleich große Häufchen auf dem Backpapier verteilen. Die Häufchen mit dem Rücken eines Löffels zu Kreisen flach drücken.

4 Die Kekse 15–20 Minuten backen, sie sollen goldgelb sein und etwas dunklere Ränder haben und außerdem gerade eben fest sein. Etwas abkühlen lassen, vorsichtig mit einem Palettenmesser vom Backpapier heben und auf einem Gitter vollständig auskühlen lassen. Die anderen beiden Portionen anschließend auf demselben Backpapier backen.

250 g Butter oder Margarine
200 g Zucker
250 g Mehl
2 leicht gehäufte TL Backpulver
4 große Eier
abgeriebene Schale von 2 unbehandelten Zitronen
4 EL Milch

GUSS

250 g Puderzucker, gesiebt
3–4 EL frisch gepresster
  Zitronensaft

ZITRONENSCHNITTEN

1 Den Backofen auf 180 °C (Umluft 160 °C) vorheizen. Eine rechteckige Backform (etwa 30 x 24 cm) mit 1 EL weicher Butter oder Margarine gut ausfetten.

2 Restliche Butter oder Margarine, Zucker, Mehl, Backpulver, Eier, Zitronenschale und 3 EL Milch in eine große Schüssel geben und alles mit dem elektrischen Handrührgerät bei niedriger Geschwindigkeit in 2–3 Minuten zu einem glatten Teig verrühren. Der Teig soll so weich sein, dass er zäh von den Rührbesen fällt. Gegebenenfalls noch 1 EL Milch unterrühren. Den Teig gleichmäßig in der Form verteilen.

3 Im vorgeheizten Backofen 35–40 Minuten backen, bis der Kuchen gut aufgegangen ist und auf leichten Druck elastisch nachgibt. Mit einem Messer vom Rand ablösen und auf einem Gitter etwas abkühlen lassen. Den Kuchen aus der Form nehmen und vollständig auskühlen lassen.

4 Für den Guss den Puderzucker mit 3 EL Zitronensaft verrühren. Wenn er noch zu fest sein sollte, weiteren Zitronensaft tropfenweise unterrühren. Kuchen mit dem Guss überziehen, fest werden lassen. Den Kuchen in mittelgroße Stücke schneiden.

BROT & PIZZA

Brot oder eine Pizza zu backen mag erst einmal schwierig erscheinen, lohnt aber die Mühe. Sie brauchen Zeit, um das Gehen des Teigs überwachen zu können – mehr ist kaum zu tun.

FÜR 1 LAIB

500 g Weizenmehl Type 550
  plus Mehl für die Arbeitsplatte
2 EL Salz
1 Päckchen (7 g) Trockenhefe
2 EL Sonnenblumenöl

BAUERNBROT

1 Mehl, Salz und Hefe in eine große Schüssel geben. 300 ml lauwarmes Wasser und 1 EL Öl dazugeben und alles zu einem geschmeidigen Teig vermengen. Wenn nötig, noch weitere 2–3 TL Wasser zugeben.

2 Den Teig auf einer leicht bemehlten Arbeitsfläche 10 Minuten mit bemehlten Händen gut durchkneten.

3 Eine große Schüssel mit 1 TL Öl auspinseln. Den Teig im Öl wenden. Die Schüssel mit Frischhaltefolie dicht verschließen und den Teig an einem warmen Ort 1½ Stunden gehen lassen. Er sollte auf das doppelte Volumen aufgehen.

4 Eine Brotform (etwa 20 x 10 cm) mit Öl auspinseln. Den Teig auf der bemehlten Arbeitsfläche zu einem etwa 20 x 18 cm großen Rechteck klopfen und von der Längsseite her aufrollen. Mit der Nahtstelle nach unten in die Backform setzen. Lose mit Alufolie verschließen und weitere 30 Minuten gehen lassen. Der Teig soll etwa 3 cm über der Form stehen.

5 Den Backofen auf 230 °C (Umluft 220 °C) vorheizen. Das Brot etwa 10 Minuten backen, dann die Hitze auf 200 °C (Umluft 190 °C) verringern und noch 30–40 Minuten backen, bis es goldbraun ist. Brot aus der Form nehmen und auf die Unterseite klopfen: Es soll hohl klingen. Sonst kommt das Brot noch einige Minuten, mit der Oberseite nach unten, in den Ofen. Auf einem Gitter auskühlen lassen.

VARIANTE: OLIVENBROT

Den Teig wie in den Schritten 1–3 beschrieben zubereiten, das Sonnenblumenöl jedoch durch bestes Olivenöl ersetzen. 100 g schwarze und grüne Oliven entsteinen, grob hacken und in Schritt 4 unter den Teig kneten, bis sie gleichmäßig verteilt sind. Weiter verfahren wie im Rezept angegeben.

PIZZA MIT SARDELLEN

FÜR 2 STÜCK

250 g Weizenmehl Type 550
  plus Mehl für die Arbeitsplatte
1 TL Salz
½ Päckchen Trockenhefe
2 EL bestes Olivenöl

BELAG

150 g Mozzarella
150 g getrocknete Tomaten in Öl,
  im Mixer püriert
50 g Sardellen in Öl, abgetropft
6 schwarze Oliven, halbiert und
  entsteint
2 EL bestes Olivenöl
½ TL getrockneter Majoran

1 Den Backofen auf 230 °C (Umluft 220 °C) vorheizen.
Für den Teig Mehl, Salz und Hefe in eine große Schüssel geben.
150 ml lauwarmes Wasser und 1 EL Olivenöl dazugeben und alles
zu einem elastischen Teig vermengen. Wenn nötig, noch 2–3 TL
Wasser zugeben.

2 Den Teig auf einer leicht bemehlten Arbeitsfläche mit
bemehlten Händen 10 Minuten gut durchkneten.

3 Eine große Schüssel mit Öl auspinseln. Den Teig im Öl wenden.
Mit Alufolie verschließen und den Teig an einem warmen Ort
1½ Stunden gehen lassen. Er soll sich verdoppeln.

4 Zwei Backbleche einölen. Den Teig nochmals ein paar Minuten
kneten und dann teilen. Jedes Stück zu einem großen Kreis auseinanderziehen, dabei einen dickeren Rand formen.

5 Für den Belag den Mozzarella abtropfen lassen und in dünne
Scheiben schneiden. Jede Pizza mit Tomatenpüree bestreichen
und mit Mozzarella, Sardellen und Oliven belegen. Mit Olivenöl
beträufeln und mit Majoran bestreuen.

6 Die Pizzas etwa 10 Minuten backen, bis die Ränder knusprig
gebräunt sind.

VARIANTE: PIZZA MIT SALAMI

Pizzaböden wie in den Schritten 1–4 zubereiten. Wie in Schritt 5
mit Tomatenpüree bestreichen und mit Mozzarella belegen. Jeden
Boden mit 25 g in dünne Scheiben geschnittener Salami, 25 g
gehobeltem Parmesan und 2–3 in Scheiben geschnittenen milden
Peperoni (aus dem Glas) belegen. Backen wie oben beschrieben.

Kochtechniken

Die wichtigste Aufgabe des Küchenneulings ist
es, sich eine Reihe grundlegender Techniken anzu-
eignen – und das ist nicht schwierig. Wer sie einmal erlernt hat, wird sie nicht wieder vergessen.
Sie werden Kochroutine entwickeln, sich mehr und
mehr zutrauen, und nach einer Weile werden die
Rezepte zuverlässig gelingen.

In diesem Kapitel erfahren Sie, wie man Zutaten
richtig auswählt und richtig verarbeitet. Sie lernen
die wichtigsten Kochmethoden kennen – die Verfahren, die Sie alltäglich anwenden werden. Infor-
mative Fotos führen Sie Schritt für Schritt durch
diese Herausforderungen. Darunter sind einfache
Fertigkeiten wie das Aufschlagen von Eiern oder
das fachgerechte Kochen von Spaghetti und Reis
bis hin zu komplizierteren Techniken wie dem
Backen des perfekten Pfannkuchens oder der richtigen Zubereitung eines Bratens.

EIER

Eier gehören zu den preiswertesten Quellen für hochwertiges Eiweiß und sind sehr einfach zuzubereiten. Wer eine Reihe einfacher Techniken beherrscht, kann sich in wenigen Minuten eine feine, nahrhafte Mahlzeit zubereiten.

BRATEN

Bevor das Ei in die Pfanne kommt, soll das Fett sehr heiß sein. Wer einen weißen Film über dem Eigelb wünscht, löffelt – wie in Schritt 2 gezeigt – immer wieder heißes Fett darüber.

Was bei der Verwendung von Eiern zu beachten ist, kann auf Seite 250 nachgelesen werden.

1 Je 1 EL Öl und Butter in der Pfanne erhitzen, bis die Butter aufschäumt. Das Ei aus einer Schüssel in die Pfanne geben.

2 Bei Mittelhitze 3–4 Minuten braten, bis das Eiweiß fest ist. Eventuell Fett über das Eigelb träufeln.

3 Das Ei mit einem Bratenwender herausheben; das Fett soll dabei abtropfen. Bei mehreren Eiern die Eiweiße zuerst mit dem Wender zerteilen.

KOCHEN

Die Eier 30 Minuten vor der Zubereitung aus dem Kühlschrank nehmen. Wenn sie sehr kalt sind, können sie im heißen Wasser leicht platzen. Die hier angegebenen Kochzeiten gelten für große Eier.

Weich kochen
1 Einen kleinen Topf zu zwei Dritteln mit Wasser füllen und dieses zum Kochen bringen. Die Hitze reduzieren und das Ei mithilfe eines Löffels vorsichtig in den Topf geben. Das Ei 5 Minuten köcheln lassen (einen Kurzzeitwecker stellen). Nach Ablauf der Kochzeit das Ei mit dem Löffel herausheben. Das Eigelb wird noch flüssig sein.

Hart kochen
2 Das Verfahren ist dasselbe wie beim Weichkochen, nur die Kochzeit verlängert sich auf 10 Minuten. Nicht länger kochen, sonst verfärbt sich das Eigelb außen. Das Ei mit einem Löffel herausheben und in kaltes Wasser legen. Die Schale aufschlagen und abpellen. Das Ei im Wasser 5 Minuten abkühlen lassen.

EIER AUFSCHLAGEN

Es kann immer vorkommen, dass das Eigelb beim Aufschlagen kaputtgeht. Also am besten jedes Ei über einer leeren Schüssel aufschlagen, dann kann nichts passieren.

Das Ei mit seiner Mitte in einer kurzen, raschen Bewegung auf den Rand einer Schüssel schlagen. Das Ei über die Schüssel halten, die Spitze der Daumen in den Riss in der Schale drücken und die Hälften vorsichtig auseinanderbrechen. Den Inhalt in die Schüssel kippen und die Schalenhälften mit einer Fingerspitze ausstreichen.

POCHIEREN

Einen kleinen Stieltopf zu zwei Dritteln mit Wasser füllen und zum Kochen bringen, dann ½ TL Salz zugeben. Die Hitze reduzieren, sodass das Wasser gerade noch leicht simmert; sprudelnd kochendes Wasser würde das Eiweiß zerreißen.

1 Das Ei in eine Schüssel aufschlagen, dann vorsichtig in das Wasser gleiten lassen.

2 Bei geringer Hitze das Ei etwa 3 Minuten ziehen lassen, bis das Eiweiß nicht mehr durchsichtig ist.

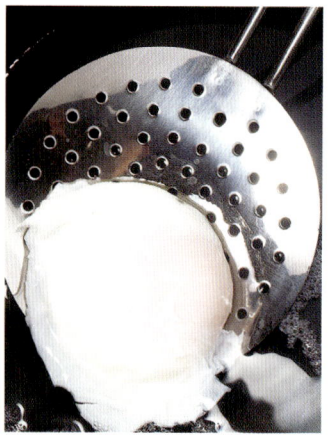

3 Das Ei mit einem Schaumlöffel herausheben, dabei das Wasser gut abtropfen lassen.

RÜHREIER

Am einfachsten und sichersten sind Rühreier in einer beschichteten Pfanne zuzubereiten.

Für Rühreier im Stil eines Omeletts siehe Seite 12–15.

Für cremige Rühreier gart man die Eiermasse bei geringer Hitze, wobei man kontinuierlich mit einem Kochlöffel rührt.

Man kann die Rühreier auch mit Kräutern aromatisieren. Für besondere Anlässe ersetzt man die Milch durch Sahne und serviert die Eier mit Räucherlachs.

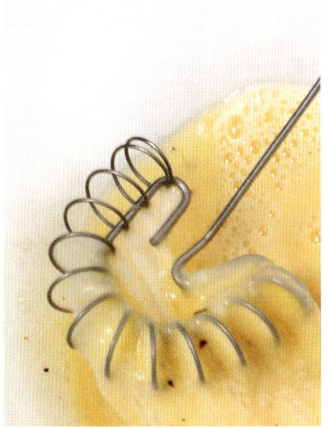

1 Pro Person 2 Eier mit 1 EL Milch sowie etwas Salz und Pfeffer schaumig schlagen.

2 In der Pfanne 1 EL Butter aufschäumen lassen und die Eiermischung hineingießen.

3 Bei geringer Hitze garen, dabei die stockende Eiermasse mit einem Holzspatel oder -löffel rühren. Wenn die Eier fast gestockt sind, von der Kochstelle nehmen, noch 1 Minute rühren. Sofort servieren.

TRENNEN

Benötigt man Eiweiß für ein
Soufflé oder Mayonnaise, müssen
die Eier getrennt werden. Soll nur
1 Ei getrennt werden, verwendet
man je 1 Schüssel für Eiweiß und
Eigelb, für mehr Eier nimmt man
3 Schüsseln: Jedes Ei über einer
leeren Schüssel aufschlagen, dann
das Eiweiß und das Eigelb in die
anderen Schüsseln geben.

Das Ei mit seiner Mitte in einer
kurzen, raschen Bewegung auf
den Rand einer kleinen Schüssel schlagen. Ei über die Schüssel halten, Daumenspitzen in
den Riss in der Schale drücken
und die Hälften vorsichtig
auseinanderbrechen. Dabei
schon Eiweiß in die Schüssel
fließen lassen. Die Schalen-
hälfte mit dem Eigelb leicht
kippen, damit das Eiweiß auch
abfließen kann; wenn nötig,
das Eigelb zurückhalten. Eigelb
dann in die andere Schüssel
geben.

SCHLAGEN

Eiweiß bekommt mehr Volumen
und wird steifer, wenn die Eier
Raumtemperatur haben. Also
mindestens 30 Minuten vor der
Verarbeitung aus dem Kühlschrank
nehmen. Alle Geräte müssen sehr
sauber und vor allem fettfrei sein.

1 Das Eiweiß in eine Schüssel
geben. Mit einem elektrischen
Handrührgerät bei hoher
Geschwindigkeit schlagen.

2 Bei hoher Geschwindigkeit
so lange schlagen, bis das
Eiweiß feste Spitzen bildet.
Sofort weiterverarbeiten.

BAISERS HERSTELLEN

Dieses Rezept ergibt 12 kleinere Baisers. Meist verwendet man sie paarweise. Ein Rezept für eine Füllung findet sich auf Seite 124.

FÜR 12 STÜCK

2 Eiweiß
100 g feiner Zucker

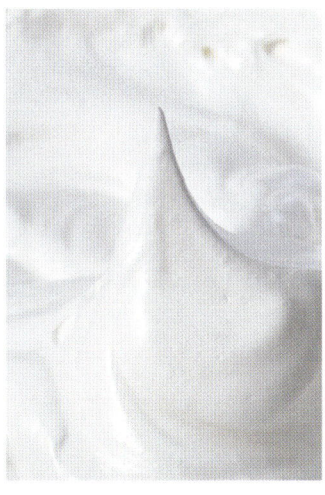

1 Backofen auf 120 °C (Umluft 100 °C) vorheizen. Eiweiß steif schlagen. Dann den Zucker teelöffelweise zugeben und das Eiweiß bei hoher Geschwindigkeit schlagen, bis es glänzt.

2 Ein Backblech mit Backpapier auslegen. Mithilfe von 2 Teelöffeln 12 Häufchen Eiweiß daraufsetzen, diese dabei mit einem Löffelrücken schön abrunden.

3 Die Baisers 45–60 Minuten backen, bis sie fest sind. Eines vorsichtig anheben, um zu prüfen, ob es sich leicht vom Papier ablösen lässt. Die Baisers etwas abkühlen lassen, dann mit einem Spatel aufheben.

PFANNKUCHEN-TEIG

Hauchdünne Pfannkuchen, die die Franzosen Crêpes nennen, sind nicht ganz einfach herzustellen, da sie dazu neigen, festzukleben und zu reißen. Für die ersten Versuche mit Pfannkuchen sollte man deshalb die dickere Variante wählen.

FÜR 8–10 STÜCK

125 g Mehl
2 Eier
1 Prise Salz
250 ml Milch (Vollmilch oder fettarme Milch)

1 Mehl in eine Schüssel geben. Eine Vertiefung in der Mitte formen. Eier und Salz hineingeben, verrühren und dann ein wenig Mehl unterziehen.

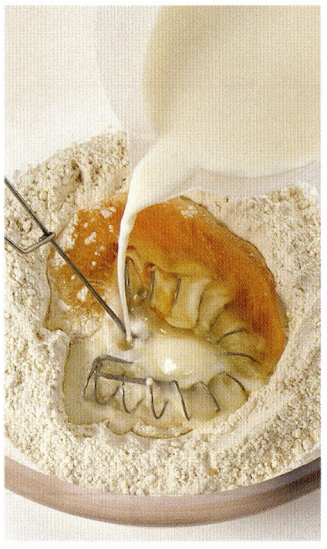

2 Unter Rühren die Milch langsam in die Vertiefung gießen und allmählich mit dem Mehl verrühren, bis alles gut vermengt ist.

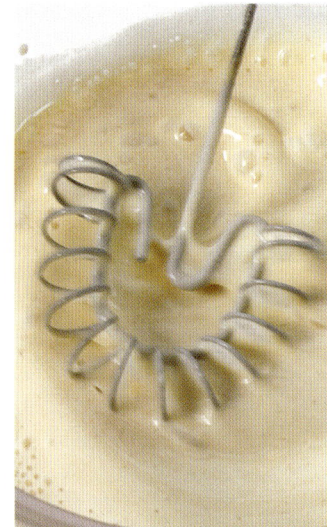

3 Den Teig schlagen, bis er glatt ist. Mindestens 30 Minuten ruhen lassen, damit die Stärke im Mehl Flüssigkeit aufnehmen und quellen kann.

PFANNKUCHEN BACKEN

Je nach gewünschter Größe der Pfannkuchen wählt man die Pfanne – ideal sind flache Pfannen mit Antihaftbeschichtung (20 oder 24 cm Ø). Bei hoher Temperatur gut heiß werden lassen, dann mit in Sonnenblumenöl getauchtem Küchenpapier auswischen.

1 So viel Teig in die Pfanne schöpfen, dass die ganze Fläche der Pfanne bedeckt wird. Pfanne schwenken, damit der Teig sich gleichmäßig verteilt.

2 Bei großer Hitze 60 Sekunden backen. Die Unterseite soll hellbraune Flecken bekommen, der Rand soll sich einrollen. Ablösen und wenden.

3 Die andere Seite des Pfannkuchens etwa 30 Sekunden backen, bis sie goldbraun ist. Pfannkuchen auf einen Teller gleiten lassen. Die Pfanne wieder erhitzen, mit Öl auswischen und den nächsten Pfannkuchen backen.

REIS & NUDELN

Es ist wichtig zu wissen, wie man Reis und Nudeln richtig gart. Beide Beilagen sind wichtige Lieferanten lebenswichtiger Kohlenhydrate und Grundlage für zahlreiche unterschiedlichste Gerichte. Die hier erläuterten Verfahren sind kinderleicht.

REIS KOCHEN

Die hier gezeigte »Quellmethode« – das Kochwasser wird ganz vom Reis aufgenommen – ist die beste, besonders für Parboiled-Langkornreis und Basmatireis. Am einfachsten misst man die Mengen mit einem Messbecher ab.

1 Für 4 Personen mit dem Messbecher 300 g Reis abmessen und in einen 2,5-l-Topf geben. Dann 600 ml Wasser abmessen.

2 Das Wasser zum Reis gießen, 1 TL Salz zugeben. Zum Kochen bringen. Umrühren und Hitze reduzieren, sodass das Wasser leicht brodelt.

3 Den Topf mit einem Deckel dicht verschließen und während der gesamten Kochzeit verschlossen lassen. Je nach Sorte (Kochzeiten siehe Seite 151) 10–30 Minuten kochen.

REIS PRÜFEN & SERVIEREN

Die Kochzeiten sind für die verschiedenen Sorten unterschiedlich, also zuerst die Packungsanweisung lesen.
Als allgemeine Regeln können gelten: Parboiled-Langkornreis 12–15 Minuten, Basmati 10–15 Minuten, Naturreis 30 Minuten.

1 Gegen Ende der Kochzeit prüfen, ob der Reis an der Oberfläche trocken ist. Topf schräg halten und schauen, ob alles Wasser aufgenommen wurde.

2 Ist noch Wasser vorhanden, 2–3 Minuten im geschlossenen Topf weiterkochen. Wenn das Wasser aufgenommen ist, ist der Reis gar und trocken.

3 Topf vom Herd nehmen. Zugedeckt 5 Minuten stehen lassen. Den Reis mit einer Gabel auflockern und servieren.

NUDELN KOCHEN

Um für 4 Personen Nudeln zu kochen, nimmt man 400 g Nudeln, 4 l Wasser und 1 EL Salz. Die meisten Sorten werden in 10–15 Minuten gar, manche brauchen 20 Minuten – also auf die Packungsanweisung achten und kurz vor dem Ende der empfohlenen Kochzeit den Biss prüfen. Hohlformen wie Penne oder Makkaroni, die Wasser einschließen, besonders gut abtropfen lassen. Bei frischen Nudeln benötigt man für 4 Personen 500 g. Die Kochzeit ist sehr unterschiedlich, zwischen 3 und 10 Minuten; auch hier den Biss prüfen.

1 Wasser in einem 5 l Topf zum Kochen bringen. Salz und Nudeln zugeben und wieder aufkochen lassen.

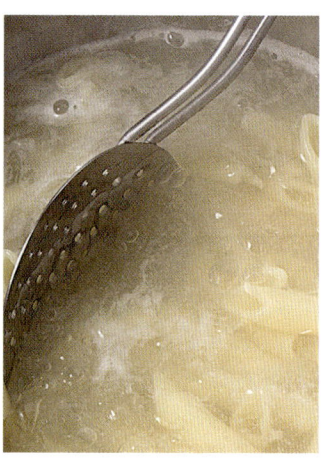

2 Hitze reduzieren und Nudeln im offenen Topf leicht sprudelnd kochen lassen. Ab und zu umrühren, damit die Nudeln nicht aneinanderkleben.

3 Kurz vor Ende der Kochzeit den Biss einer Nudel prüfen. Sie soll noch etwas Widerstand bieten, »al dente« sein, wie man in Italien sagt.

4 Die Nudeln in einen Durchschlag abgießen und kräftig schütteln, damit möglichst das gesamte Wasser abläuft.

SPAGHETTI

Diese langen Nudeln werden genauso gekocht wie andere Sorten (siehe links), verlangen aber zu Beginn der Kochzeit ein besonderes Verfahren – selbst relativ kurze Spaghetti passen nicht in normale Töpfe und müssen nach und nach aufgeweicht werden.

1 Das Wasser in einem 5-l-Topf zum Kochen bringen. Salz zugeben, dann die Spaghetti aufrecht in den Topf stellen und festhalten.

2 Wenn die Spaghetti weich werden, sie etwas schräg stellen und leicht auf den Boden drücken, sodass sie allmählich im Wasser versinken.

CHINESISCHE NUDELN

Chinesische Eiernudeln sind in der Verpackung in hübsche Schleifen gelegt. Drei Lagen, das sind etwa 250 g, reichen für 4 Personen. Unterschiedliche Marken empfehlen unterschiedliche Kochmethoden; diese hier ist eine der schnellsten und einfachsten.

1 Reichlich Wasser zum Kochen bringen. Die Nudeln hineinlegen und umrühren, um sie voneinander zu trennen. Topf von der Kochstelle nehmen.

2 Topf zugedeckt 6 Minuten stehen lassen. Dann die Nudeln in einem Durchschlag gut abtropfen lassen. Nach Belieben in 1 EL Sesamöl schwenken.

GETREIDE & HÜLSENFRÜCHTE

Getreide und Hülsenfrüchte sind auf unserem Speisezettel das Kraftpaket, das die Natur zur Verfügung stellt. Sie sind eine unschlagbare Quelle für hochwertiges Eiweiß: arm an Fett, reich an Vitaminen, Mineralien und Rohfasern – und dazu überaus lecker.

BULGUR

Bulgur ist Weizen, der gekocht, getrocknet und grob geschrotet wurde. Er ist sehr schnell und einfach zuzubereiten – man muss ihn nur einweichen. Als Beilage für 4 Personen genügen 150 g Bulgur. Er wird heiß als Pilaw oder kalt für Salate (z. B. Tabouleh) verwendet.

1 Bulgur in eine Schüssel geben. Genug Wasser zugießen, um ihn großzügig zu bedecken. 30 Minuten quellen lassen.

2 Den gequollenen Bulgur in einem Sieb abtropfen lassen und mit den Händen gut ausdrücken.

COUSCOUS

Auch Couscous ist ein vorgekochter Weizenschrot, jedoch feiner als Bulgur. In Nordafrika wird er traditionell in einem Spezialtopf über einem Fleisch- oder Gemüsegericht gedämpft. Hier wird eine rasche Alternative vorgestellt. Für 4 Personen nimmt man 400 ml Wasser, 1 TL Salz, 1 EL Olivenöl und 250 g Couscous.

1 Das Wasser aufkochen lassen. Salz, Öl und Couscous zufügen. Vom Herd nehmen, umrühren und Topf bedecken.

2 5 Minuten quellen lassen, bis das Wasser absorbiert ist. Mit einer Gabel auflockern. Bei Bedarf etwas heißes Wasser zufügen.

POLENTA

Polenta ist nichts anderes als feiner Maisgrieß. Wie Kartoffelpüree schmeckt Polenta besonders gut zu Fleisch, Geflügel und Ragouts mit viel herzhafter Sauce. Hier wird die Zubereitung von normaler Polenta beschrieben, die allerdings recht lange köcheln muss. Wer es sich einfacher machen will, kann Instant-Polenta verwenden, die in etwa 10 Minuten fertig ist. Als Beilage für 4 Personen rechnet man etwa 1 l Wasser, 1 TL Salz, 250 g Polenta und 50 g Butter.

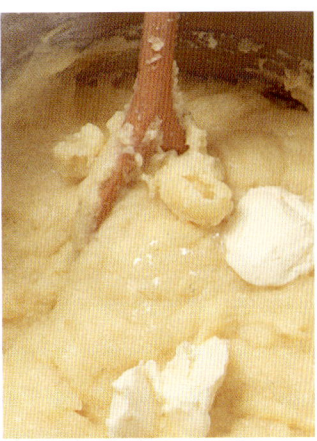

1 In einem größeren Topf das Wasser zum Kochen bringen. Salz zufügen und den Maisgrieß einrieseln lassen.

2 Bei geringer Hitze unter Rühren köcheln lassen, bis sich der Brei vom Topf löst (40–45 Minuten). Butter unterrühren.

3 Topf von der Kochstelle nehmen und die Polenta mit einem Holzlöffel kräftig durchschlagen. Noch einmal mit Salz abschmecken.

LINSEN

Für den Koch, der wenig Zeit hat, sind Linsen sehr wertvoll, denn im Gegensatz zu anderen Hülsenfrüchten müssen sie nicht eingeweicht werden und sind in der Hälfte der Zeit gar. Braune bzw. grüne Linsen behalten ihre Form und sind für herzhafte Eintöpfe und Salate ideal; rote Linsen verkochen zu Brei und werden in der orientalisch-indischen Küche viel verwendet, z. B. in indischen Dhal-Gerichten. Für alle Sorten gilt: Für 4 Personen kocht man 250 g Linsen in 600 ml Wasser.

1 Linsen in einem Sieb unter kaltem Wasser abspülen. Mit der angegebenen Menge Wasser zum Kochen bringen.

2 Entstehenden Schaum abschöpfen. Linsen bei mittlerer Hitze je nach Sorte 20–30 Minuten köcheln lassen.

3 Prüfen, ob alles Wasser aufgenommen ist und die Linsen weich sind. Erst zum Schluss mit Salz abschmecken.

BOHNEN & ERBSEN

Hülsenfrüchte eignen sich bestens für Eintöpfe, Pürees und Salate. Alle Sorten außer Linsen müssen über Nacht eingeweicht werden. Dann müssen sie zunächst etwa 10 Minuten sprudelnd kochen, damit die Toxine zerstört werden. Die meisten Hülsenfrüchte benötigen 1–1½ Stunden Garzeit, einige – wie die japanischen Adzuki-Bohnen – nur 45 Minuten. Weitere Zeitangaben sind auf Seite 248 zu finden. Auch auf den Packungen sind meist Garzeiten genannt. Den beim Kochen anfangs entstehenden Schaum abschöpfen. Gegarte Hülsenfrüchte abtropfen lassen.

1 Bohnen oder Erbsen in viel kaltem Wasser mindestens 8 Stunden einweichen. Abspülen und abtropfen lassen.

2 Bohnen oder Erbsen in einem Topf großzügig mit Wasser bedecken. Bei großer Hitze 10 Minuten kochen.

3 Den Topf zudecken und die Hülsenfrüchte bei geringer Hitze köcheln lassen, bis sie weich sind. Zur Prüfung leicht zusammendrücken; sie müssen sich durch und durch weich anfühlen.

FISCH

Fisch ist ernährungsphysiologisch sehr wertvoll, dabei fettarm und rasch zuzubereiten. Im Supermarkt wie beim Fischhändler wird Fisch küchenfertig – ausgenommen und geschuppt – verkauft, oft auch schon in Portionsgröße geschnitten. Daher beschränkt sich die notwendige Vorbereitung auf wenige Handgriffe.

EINKAUF

Alle hier verwendeten Fische sind leicht zu bekommen, vorzubereiten und zuzubereiten. Man sollte beim Einkauf darauf achten, dass der Fisch nicht »fischig« riecht, klare Augen und festes Fleisch hat. Ein guter Fischhändler schneidet den Fisch für Sie zu. Ein ganzer Fisch ist mit 350–500 g für eine Person richtig; bei Fischfilet rechnet man 175–200 g pro Person.

Ganze Forellen können gebraten, gegrillt, gedünstet werden. Auch Wolfsbarsch und Meerbarben sind einen Versuch wert.

Seezungen- und Schollenfilets werden in der Pfanne gebraten oder gedünstet.

Lachs- und Wolfsbarschfilets sind fürs Braten (in der Pfanne oder im Backofen) und zum Grillen geeignet.

Kabeljau- und Lachsschnitten kann man gleichermaßen in der Pfanne und im Ofen braten, grillen und dünsten.

Filet von Schellfisch, Kabeljau oder Seehecht ist zum Grillen und Braten geeignet.

GANZE FISCHE VORBEREITEN

Dies ist eine der besten Arten, einen ganzen Fisch für die Zubereitung im Backofen oder auf dem Grill herzurichten. Die Flossen werden zugeschnitten, um dem Fisch ein hübsches Erscheinungsbild zu geben. Zitronen und Kräuter verleihen dem Fisch zusätzliche Aromen. Damit der Fisch nicht austrocknet, die Haut vor der Zubereitung mit Öl einpinseln.

1 Mit einer Küchenschere die Rücken- und Bauchflossen abschneiden und wegwerfen.

2 Die Schwanzflosse in eine saubere V-Form bringen. Den Fisch unter kaltem Wasser gut waschen und trocken tupfen.

3 Mit einem scharfen Kochmesser den Fisch auf beiden Seiten schräg bis zur Mittelgräte einschneiden.

4 In jeden Einschnitt eine halbe Zitronenscheibe und einen Zweig Petersilie stecken. Fisch mit Salz und Pfeffer bestreuen.

FILETS VORBEREITEN

Fischfilets sind bequem zuzubereiten, da sie rasch gar sind.
Hier wird zur Demonstration Lachs
verwendet, aber auch Kabeljau,
Schellfisch, Wolfsbarsch und Seehecht sind gut geeignet.
Fisch wird im Ganzen filetiert.
Daher liegen beim Händler meist
ganze Seiten, die in Einzelpor-
tionen von 175–200 g geschnitten
werden. Eine der schnellsten und
schmackhaftesten Arten, Lachsfilets zuzubereiten, ist das Grillen
in einer speziellen Pfanne – siehe
Rezept auf Seite 30.

1 Mit den Fingerspitzen nach
feinen Gräten tasten. Mit einer
Pinzette herausziehen.

2 Mit einem scharfen Kochmesser überstehende Haut und
Fettlappen abschneiden, sodass
das Filet sauber aussieht.

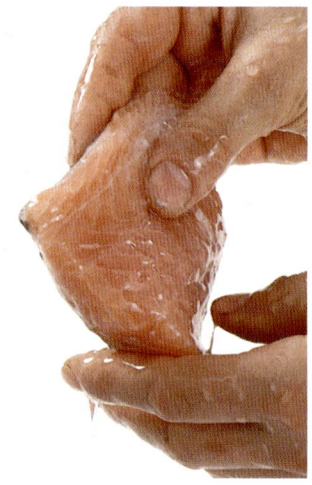

3 Unter fließendem Wasser
gut abspülen, dabei mit den
Fingern leicht rubbeln, um
Schuppen zu entfernen.

4 Die Filets mit der Haut nach
unten auf Küchenpapier legen,
die Oberseite mit Küchenpapier
trocken tupfen.

FILETS ENTHÄUTEN

Ein Fischhändler enthäutet Filets auf Wunsch gern, Fisch aus der Supermarkt-Kühltruhe wird aber oft noch mit Haut verkauft. Er kann problemlos so zubereitet werden, schließlich hält die Haut das Fleisch zusammen. Manchmal möchte man sie aber entfernen, besonders wenn der Fisch paniert werden soll. Um einen glitschigen Fisch festzuhalten, kann man die Finger in Salz tauchen. Arbeiten Sie mit einem scharfen Kochmesser.

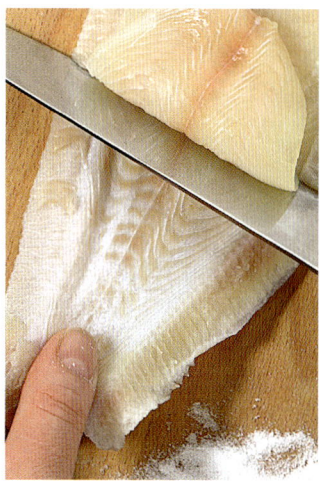

1 Den Fisch mit der Haut nach unten hinlegen. Das Schwanzende mit Daumen und Zeigefinger festhalten.

2 Beim Daumen mit flach gehaltenem Messer bis auf die Haut schneiden, dann »sägend« Filet von der Haut schneiden.

FILETS PANIEREN

Ei und Brotkrumen schützen den Fisch beim Braten und ergeben eine knusprige Kruste. Für 4 Filets braucht man 1 großes Ei und 75 g frische oder trockene Brotkrumen (siehe Seite 212). Das Filet muss völlig trocken sein. Die Brösel kann man auf Pergamentpapier oder einen großen Teller geben.

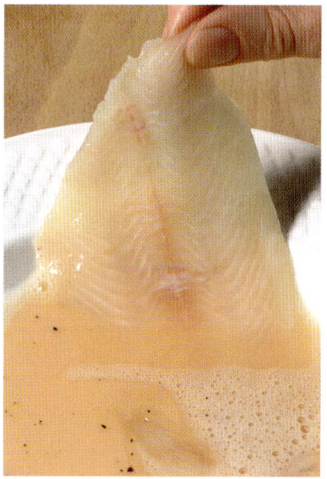

1 Das Ei in einer flachen Schale verquirlen. Das Filet mit beiden Seiten eintauchen, dann überschüssiges Ei abtropfen lassen.

2 Das Filet auf die Brotkrumen legen. Die Ränder des Papiers anheben, sodass die Krumen auch die Oberseite bedecken.

MEERESFRÜCHTE

**Eine feine Quelle für fettarmes Eiweiß – in den meisten Supermärkten
sind Schalen- und Krustentiere heute frisch und tiefgekühlt zu bekommen.
Mit den hier gezeigten einfachen Verfahren sind sie ohne Probleme vor-
und zuzubereiten.**

EINKAUF

Am besten kauft man Meeresfrüchte roh und gart sie selbst. Sie
schmecken frischer und sind saftiger
als vorgegarte Tiefkühlware. Frische
Muscheln werden lebendig in der
Schale angeboten. In Salzwasser
konserviertes Muschelfleisch ist im
Glas im Supermarkt vorrätig.

Garnelen, links roh, rechts
gekocht. Zum Grillen und Braten in der Pfanne oder im Wok.

Geschälte Garnelen, links roh,
rechts gekocht. Zum Braten in
der Pfanne oder im Wok.

Ungeschälte gekochte Garnelen. Für Salate oder zum Braten
im Wok.

Geschälte gekochte Garnelen.
Für Salate und Suppen und zum
Braten im Wok.

Jakobsmuschel in der Schale
mit rotem Corail. Zum Braten in
der Pfanne und zum Grillen.

Miesmuscheln – klein für Suppen
und Saucen, groß zum Dünsten,
Grillen und Überbacken.

Kleine Sandmuscheln für Suppen und Saucen. Herz- und
Venusmuscheln sind ähnlich.

Große Vernusmuschel zum
Dünsten oder Überbacken
und für Suppen.

MIES-
MUSCHELN

Muscheln mit zerbrochener Schale
und geöffnete Muscheln, die
sich nicht schließen, wenn man
daraufklopft, sind tot und werden
weggeworfen. Muscheln immer
am Tag des Kaufs zubereiten. Für
4 Personen braucht man 2 kg.

1 Den faserigen »Bart« mit
Hilfe eines kleinen Messers
ausreißen und wegwerfen.

2 Mit dem Messerrücken vorhandene Seepocken abkratzen.
Das Messer dabei immer von
sich wegbewegen.

3 Mit einer harten Bürste jede
Muschel unter fließendem
Wasser abschrubben. Damit
entfernt man Sand aus den
Rillen der Schale und noch vor-
handene Reste der Seepocken.

JAKOBS- MUSCHELN

Fleisch von Jakobsmuscheln ist frisch beim Fischhändler und gefroren im Supermarkt zu bekommen. Es sollte süßlich-frisch riechen und sich fest und prall anfühlen. Oft hängt noch der orangerote Corail daran, der Rogensack, der sehr gut schmeckt. Jakobsmuscheln sind unabhängig von der Zubereitungsart in 3–4 Minuten fertig; nicht länger garen, sie werden sonst zäh. Pro Person rechnet man 3–4 große oder 10 kleine Jakobsmuscheln.

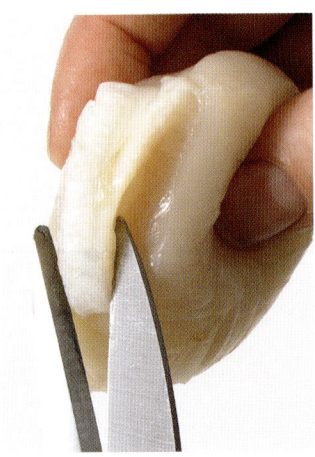

1 Mit einer Küchenschere den halbmondförmigen Muskel an einer Seite abschneiden und wegwerfen; er ist zäh.

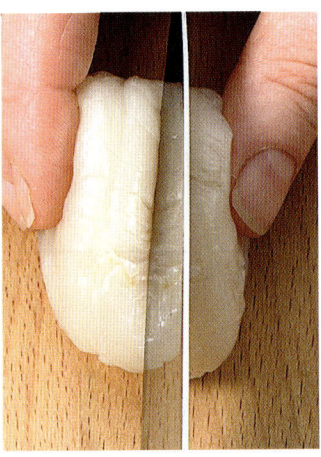

2 Große Jakobsmuscheln teilt man am besten: Mit einem scharfen Kochmesser quer durchschneiden. Kleine Muscheln lässt man ganz.

VENUS- MUSCHELN

Nach der gründlichen Säuberung werden Venus- und ähnliche kleine Muscheln im geschlossenen Topf etwa 5 Minuten gedünstet; sie sollen sich öffnen (noch geschlossene Exemplare wegwerfen). Sie können dann gegessen oder für eine Suppe oder Sauce verwendet werden. Man rechnet pro Person 400–500 g kleine Muscheln.

Lebende Muscheln müssen vor der Zubereitung gesäubert werden. Zunächst 1 Stunde in kaltem Salzwasser (4 EL pro Liter) wässern. Abgießen und unter fließendem Wasser mit einer harten Bürste schrubben, um Sand und andere Verunreinigungen zu entfernen. Sie haben aber – anders als Miesmuscheln – keinen Bart. Zerbrochene und geöffnete Muscheln dabei wegwerfen.

GARNELEN

Roh sind Garnelen grau; erst beim Kochen bekommen sie ihre hübsche rote Farbe. Geschält werden sie, ob roh oder gekocht, auf dieselbe Weise. Der schwarze Faden, der sich längs durch den Rücken des Schwanzes zieht, ist der Darm; man kann ihn mitessen, meist entfernt man ihn aber aus ästhetischen Gründen. Pro Person rechnet man 3–4 große Garnelen (Riesengarnelen), etwa 200 g ungeschälte Garnelen oder 125 g geschälte Garnelenschwänze.

1 Wenn der Kopf noch vorhanden ist, mit zwei Fingern fassen und vom fleischigen Schwanz mit einer Drehung abziehen.

2 Die Schalensegmente vom dicken Ende her abschälen. Die dekorative Schwanzflosse kann man auch am Schwanz belassen.

3 Große Garnelen sollte man entdarmen. Zuerst den Rücken flach einschneiden, um den Darm freizulegen.

4 Das Ende des Darms mit Daumen und Messer packen und ihn von oben her vorsichtig herausziehen.

GEFLÜGEL

Geflügel ist preiswert, mit wenigen Ausnahmen fettarm und mit vielen unterschiedlichen Aromen wunderbar zu kombinieren. Da es rasch gar ist und die Vorbereitung wenig Arbeit macht, erzielen auch Kochneulinge immer gute Resultate.

GEFLÜGEL IM GANZEN BRATEN

Die Auswahl an Geflügel, das man im Ofen braten kann, ist groß. Im Allgemeinen hat Geflügel aus Freilandhaltung das beste Aroma. Mit Mais gefüttertes Geflügel, das an seiner gelben Haut zu erkennen ist, stammt nicht immer aus Freilandhaltung. Tiefgekühlte Vögel sind preiswerter als frische. Zeitangaben für das Auftauen und Braten findet man auf Seite 247, Hinweise für den richtigen Umgang mit Geflügel auf Seite 251.

Hähnchen sollten eine helle, feuchte Haut und eine pralle, feste Brust haben. 1,5–1,8 kg reichen für 3–4 Personen.

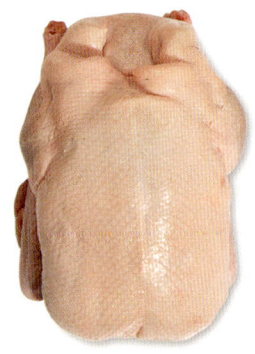

Enten sollten eine weiche Haut und eine lange, schmale Brust haben. 1,8 kg reichen für 2 Personen, 2,5 kg für 4.

Schenkel und Brust einer Pute (Truthahn) sollten schön rundlich sein. 4–5 kg genügen für 8–10 Personen, 6–8 kg für 12–14. Kaufen Sie ein größeres Tier als Sie benötigen; gebratener Truthahn schmeckt auch kalt sehr gut.

GEFLÜGEL-TEILE

Ausgelöste Teile von Geflügel sind viel schneller gar als ganze Vögel und erleichtern die Mengenberechnung. Sie sind rasch vorbereitet und überaus vielseitig verwendbar. Pro Person rechnet man etwa 150 g Fleisch ohne Knochen, mit Knochen etwa 200 g zusätzlich.

Hähnchenflügel mit einem Anteil Brust. Zum Braten, Grillen und Schmoren.

Ganzer Hähnchenschenkel. Zum Schmoren, Braten in Pfanne oder Ofen und Grillen.

Entbeinte Hähnchenbrust ohne und mit Haut. Zum Braten in der Pfanne oder zum Grillen.

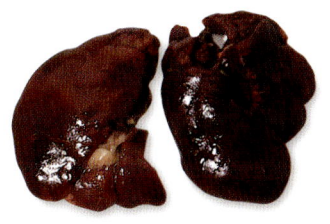

Hähnchenleber wird gegrillt oder gebraten. Frische Leber ist feiner als tiefgefrorene.

Putenschnitzel aus der Brust. Zum Braten in der Pfanne und im Wok.

Unterschenkel vom Hähnchen sind gut geeignet zum Braten und Grillen, auch auf Holzkohle.

Hähnchenoberschenkel mit und ohne Haut. Zum Schmoren, Braten und Grillen.

Putenhackfleisch, eine fettarme Alternative zu Schweine- oder Rinderhack.

HÄHNCHEN VORBEREITEN

Hier ist zu sehen, wie ein kleines bis mittelgroßes Hähnchen (bis 2 kg) zum Braten im Backofen vorbereitet (dressiert) wird. Große Hähnchen und Puten garen gleichmäßiger, wenn sie in der hier gezeigten Weise mit Küchengarn zusammengebunden werden, vor allem, wenn die Halsöffnung gefüllt wird (siehe Seite 170). Sind noch Innereien vorhanden, nimmt man sie vor der weiteren Vorbereitung heraus. Wie ein ganzes Hähnchen gebraten wird, ist auf Seite 38 beschrieben.

1 Das Fett ablösen, das sich zu beiden Seiten der Bauchöffnung befindet.

2 Bauchhöhle und Haut mit Küchenpapier trocken tupfen. Die Haut wird dadurch knuspriger.

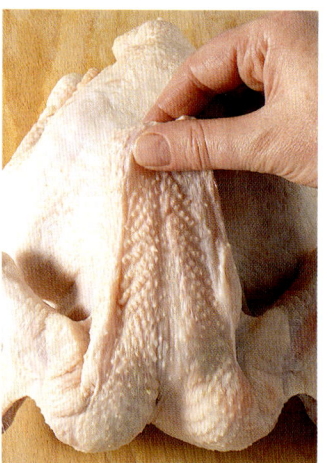

3 Den Vogel auf die Brust legen und die Halshaut über die vordere Öffnung ziehen. Man kann auch überflüssige Haut abschneiden.

4 Die Flügelspitzen nach oben über den Flügelansatz biegen. Damit wird die Halshaut fixiert. Umdrehen und mit Garn die Beine zusammenbinden.

HÄHNCHENBRUST VORBEREITEN

Ausgelöstes Hähnchenbrustfleisch ist sehr hell und fettarm; es gart im Handumdrehen, muss aber mit Sorgfalt behandelt werden, damit es saftig und zart wird. Lässt man die Haut dran, wird das Fleisch saftiger; sie enthält aber viel Fett und Cholesterin. Eine Möglichkeit ist, Hähnchenfleisch mit der Haut zu braten und sie vor dem Servieren zu entfernen.

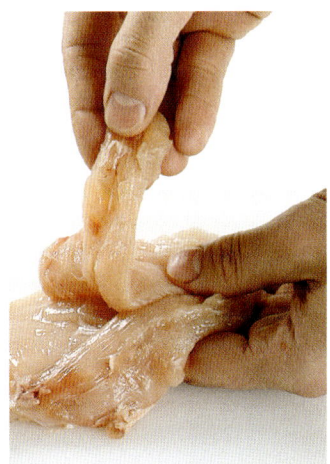

1 Zunächst den schmalen Streifen Filet von der Unterseite abziehen. Dieses besondere Stück ist sehr rasch gar.

2 Den Finger zwischen Haut und Fleisch schieben. In die so entstandene Tasche kommen Butter, Knoblauch und Kräuter.

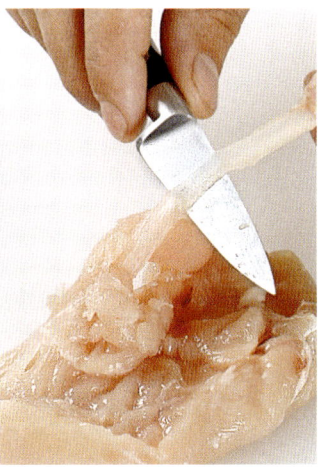

3 Mit einem scharfen kleinen Messer die weiße Sehne von der Unterseite der Brust entfernen und wegwerfen.

4 Um enthäutete Hähnchenbrust saftig zu halten, schräg einschneiden und marinieren oder Kräuter- bzw. Knoblauchbutter in die Schnitte geben.

GROSSES GEFLÜGEL BRATEN

Tiefgefrorenes Geflügel muss vor der weiteren Verarbeitung vollständig aufgetaut sein. Noch vorhandene Innereien herausnehmen. Oft wird nur die Halsöffnung gefüllt, nicht die Bauchhöhle. Wie man einen gefüllten Truthahn zubereitet, wird auf Seite 108 beschrieben. Zeitangaben für das Auftauen und Braten findet man auf Seite 247, Hinweise für den richtigen Umgang mit Geflügel auf Seite 251.

1 Vogel kopfüber in eine Schüssel setzen. Halshaut beiseiteziehen und Füllung hineingeben. Haut über Füllung ziehen und mit Rouladennadel fixieren.

2 Flügelspitzen über den Flügelansatz biegen, mit Garn fixieren. Schenkel mit Garn zusammenbinden. Vogel mit Butter bestreichen, salzen und pfeffern.

3 Den Vogel auf den Rost eines Bräters legen. Fleischthermometer, wenn vorhanden, in den dicksten Teil eines Schenkels stechen (nicht bis zum Knochen).

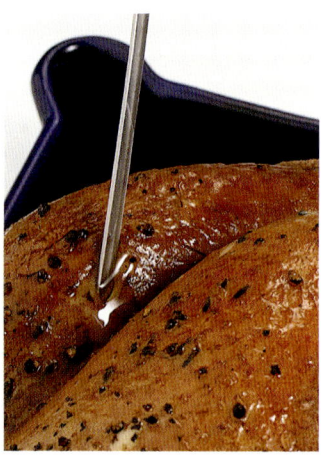

4 Im Ofen braten, bis klarer Saft austritt, wenn man in den dicksten Teil eines Schenkels sticht. Das Thermometer soll 90 °C anzeigen.

GROSSES GEFLÜGEL TRANCHIEREN

Den fertig gebratenen Vogel lässt man in Folie gehüllt etwa 15 Minuten ruhen, während die Sauce zubereitet wird (siehe Seite 41). Dann legt man ihn mit der Brust nach oben auf ein Tranchierbrett. Bindfäden und Rouladennadel entfernen. Den Vogel mit einer Tranchiergabel festhalten. Brathähnchen und Truthahn werden auf die gleiche Weise tranchiert.

1 Flügel mit dem Messer niederdrücken. Im Außenbereich der Brust zum Gelenk hin schneiden, dieses durchschneiden und Flügel ablösen.

2 Auf einer Seite die Brust parallel zum Brustbein in Scheiben abschneiden, wobei auch Füllung dabei sein soll. Auf der anderen Seite wiederholen.

3 Schenkel nach außen biegen und das Gelenk durchschneiden. Am Knochen festhalten und vom Oberschenkel dünne Scheiben abschneiden.

4 Um den Unterschenkel zu tranchieren, am Knochen festhalten und von diesem Ende parallel zum Knochen dünne Scheiben abschneiden.

EINE ENTE BRATEN

Enten haben weniger Fleisch als gleich schwere andere Vögel, da sie relativ fett sind und ein großes Knochengerüst besitzen. Das Fleisch ist sehr aromatisch, weshalb die Portionen meist kleiner bemessen sind als bei Hähnchen. Vorbereitet werden Enten wie Hähnchen (siehe Seite 168), man entfernt aber so viel sichtbares Fett wie möglich. Um den Fettanteil zu verringern, sticht man auch mit einer Gabel die Brustseite mehrfach ein und brät die Ente zunächst mit der Brust nach unten.

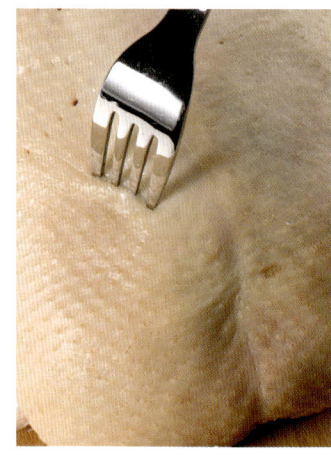

1 Brustseite mehrfach einstechen, mit Salz und Pfeffer einreiben. Mit der Brust nach unten auf den Rost des Bräters legen. 25 Minuten braten.

2 Umdrehen und 20 Minuten braten. Mit Fett begießen, dann überflüssiges Fett abgießen. Bei reduzierter Temperatur fertig garen (siehe Seite 247).

EINE ENTE SERVIEREN

Eine Ente wird zum Teil zerlegt, zum Teil tranchiert. Das hier gezeigte Verfahren stellt sicher, dass 4 Personen mit einer guten Portion Fleisch versorgt werden. Bei 2 Personen wird die Ente einfach der Länge nach halbiert.

1 Die Schenkel am Gelenk vom Rumpf trennen. Beiderseits des Brustbeins der Länge nach einschneiden und das Brustfleisch vom Brustkorb ablösen.

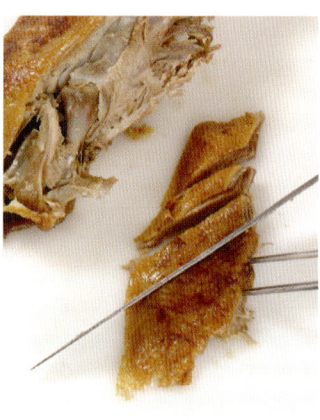

2 Jede Brust schräg in Scheiben schneiden. Jede Person bekommt eine Portion von der Brust und einen Schenkel oder einen Flügel.

HÜHNER-BRÜHE

Ergibt ca. 1 Liter Brühe. Sie kann im Kühlschrank 3 Tage aufbewahrt werden oder tiefgefroren mindestens 6 Monate lang.

FÜR 1 LITER

1 Hühnerkarkasse
1 mittelgroße Zwiebel, ungeschält, halbiert
1 Stange Sellerie, gehackt
1 mittelgroße Möhre, in Stücke geschnitten
1 Bouquet garni (nach Belieben)
1 Lorbeerblatt
einige Pfefferkörner

1 Die Karkasse in kleine Stücke reißen. Mit Gemüse, Gewürzen und Bouquet garni in einen 5-l-Topf geben. Mit kaltem Wasser bedecken und umrühren.

2 Bei großer Hitze zum Kochen bringen. Entstehenden Schaum abschöpfen. Deckel auflegen und bei geringer Hitze 2 ½ bis 3 Stunden köcheln lassen.

3 Den Topfinhalt durch ein Sieb in einen anderen Topf abgießen und gründlich abtropfen lassen.

FLEISCH

Bei der Vorbereitung von Fleisch ist es in allererster Linie wichtig, die Garmethode auf das gewählte Stück abzustimmen. Nur so ist ein gutes Ergebnis garantiert.

GROSSE BRATEN

Für einen Braten verwendet man am besten hochwertige Schnitte. Deshalb sind sie meist besonderen Anlässen vorbehalten, wenn ökonomische Überlegungen nicht die Hauptrolle spielen. Die Brattemperaturen und -zeiten der hier gezeigten Beispiele findet man auf Seite 246, Hinweise zum Tranchieren auf Seite 179.

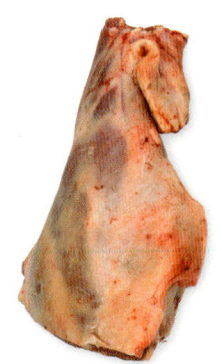

Lammkeule wird ganz oder halbiert verkauft. Eine Keule von 1,5–2,5 kg reicht für 6–8 Personen, ein Unterschenkel mit 1–1,5 kg für 4–6.

Schweinerollbraten aus dem Rücken. Die Schwarte wird vor dem Braten eingeschnitten. 2–2,5 kg reichen für 8–10 Personen, 1–1,5 kg für 4–6.

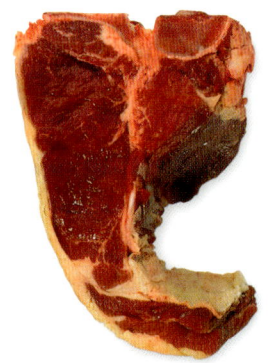

Für einen guten Rinderbraten nimmt man traditionell Porterhousesteak (hier gezeigt) oder Hochrippe. Ein 2,25–2,5 kg schweres Stück mit 2 Rippen reicht für 4 Personen, ein 4,5-kg-Stück mit 3 Rippen für 6–8. Auch die Rinderlende (Faux filet) ist exzellent.

FLEISCH-SCHNITTE

Fertig vorbereitete Fleischschnitte sind bequem und rasch zuzubereiten. Koteletts und Steaks sollten gut und einheitlich zugeschnitten sein, sodass sie gleichzeitig gar werden. Pro Person rechnet man 175–200 g Fleisch ohne Knochen, etwas mehr, wenn das Fleisch nicht ausgelöst ist.

Fein gehacktes Fleisch ist für Frikadellen und Hamburger geeignet, für eine Bolognese-sauce eignet sich etwas gröberes Hackfleisch besser.

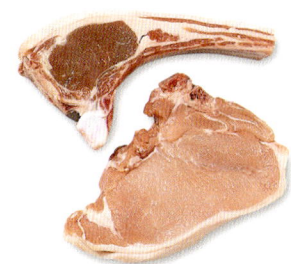

Koteletts werden in wenigen Minuten gebraten oder gegrillt. Lammkoteletts (oben) besitzen ein großes »Fleischauge«; pro Person rechnet man 2 Stück. Schweinekoteletts (unten) sind größer; pro Person reicht eines.

Rindersteaks werden gebraten oder gegrillt. Ein großes Rumpsteak (oben) wird nach dem Braten in Scheiben geschnitten, Filet und Lende werden auch als Einzelsteaks zubereitet.

Schweinefilets – in dicke oder ganz dünne Scheiben geschnitten – werden in der Pfanne oder auch als Ganzes im Ofen gebraten.

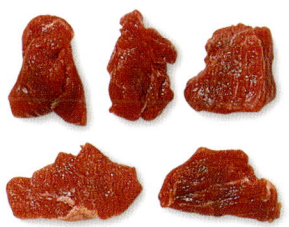

Schmorfleisch für Ragouts und Eintöpfe muss man bei niedriger Hitze lange Zeit garen. Suppenfleisch ist fester und muss noch länger gegart werden.

Scheiben von Schweine- oder Rinderleber werden in der Pfanne gebraten oder gegrillt, Lammnieren (unten) ebenso.

FLEISCH VORBEREITEN

Fleisch vom Metzger oder aus dem Supermarkt ist üblicherweise in Portionsgrößen oder Würfel zugeschnitten und pariert. Dennoch muss man oft noch einiges tun, damit das Fleisch besser aussieht, richtig gart und zuletzt besser schmeckt. Auch wenn man mageres Fleisch bevorzugt, sollte man auf einen kleinen Fettanteil achten (als dünner Rand oder feine Marmorierung); Fett hält – egal bei welcher Garmethode – das Fleisch saftig und ist ein wichtiger Aromaträger.

Lammkoteletts
Überflüssiges Fett abschneiden. Ein Fettrand von etwa 5 mm Dicke sollte erhalten bleiben.

Schweinekoteletts
Den Fettrand bis ins Fleisch einschneiden, damit sich die Koteletts nicht aufwölben.

Rumpsteaks
Den Fettrand alle 2 cm bis ins Fleisch einschneiden, damit sich die Steaks nicht aufwölben.

Schmorfleisch
Das Fett an den Rändern und die Sehnen vom ganzen Stück abschneiden, dann erst würfeln.

FLEISCH ZUM KURZBRATEN

Dünn geschnittenes zartes Fleisch ist besonders für das Kurzbraten in der Pfanne bei großer Hitze geeignet. Durch das Klopfen ist das Fleisch nicht nur leichter zu schneiden, es wird auch zarter. Ein kleiner Stieltopf ist dafür ideal, denn er hinterlässt keine Furchen. Hier wird Rumpsteak zur Demonstration verwendet; Hühnerbrust und Schweinefilet werden auf dieselbe Weise vorbereitet.

Flach klopfen
Das Fleisch zwischen Pergamentpapier mit einem Stieltopf leicht klopfen.

In Scheiben schneiden
Zum Braten im Wok das Fleisch leicht klopfen und in 5 mm dicke Scheiben schneiden.

LEBER & NIEREN

Leber und Nieren – reich an Eisen und Eiweiß – benötigen nur wenig Vorbereitung. Beim Braten ist allerdings Sorgfalt nötig, sie garen in wenigen Minuten. Zu lange gebraten, werden sie hart und zäh.

Nieren
Alle Häute entfernen und Niere längs durchschneiden. Fett und Röhren in der Mitte entfernen.

Leber
Unansehnliche Ränder und Sehnen mit einer Schere oder einem Messer abschneiden.

EINE LAMMKEULE BRATEN

Die Keule unbedingt frühzeitig aus dem Kühlschrank holen und Raumtemperatur annehmen lassen. Das erleichtert die weitere Verarbeitung. Die Brattemperaturen und -zeiten sind auf Seite 246 angegeben.

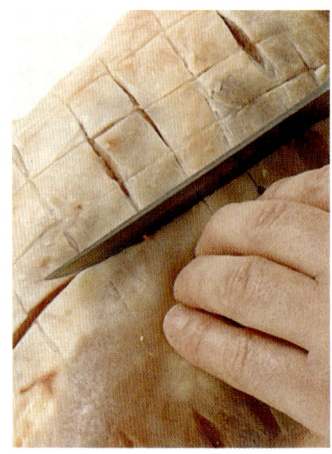

1 Das Fett mit einem scharfen Kochmesser gitterförmig einschneiden. In die Schnitte kann man Stifte von geschältem Knoblauch oder frische Rosmarinzweige stecken.

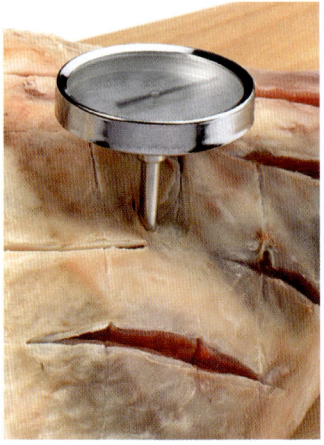

2 Wenn vorhanden, ein Fleischthermometer in die dickste Stelle der Keule stecken, ohne den Knochen zu berühren. Keule mit Olivenöl, Salz und Pfeffer einreiben.

3 Auf dem Gitter in einer Bratreine braten. Zur Halbzeit mit Fleischsaft begießen. Gegen Ende der Bratzeit mit einem Messer tief ins Fleisch stechen.

4 Wenn der austretende Saft rosa ist, ist das Fleisch medium bis blutig; bei hellem Saft ist es durchgebraten. Temperatur mit dem Thermometer prüfen.

EINE LAMMKEULE TRANCHIEREN

Ein Braten sollte immer erst ein wenig ruhen, bevor man ihn aufschneidet. Das gestattet dem Saft, sich gleichmäßig zu verteilen, und macht das Fleisch leichter tranchierbar. Außerdem kann man während der Ruhezeit aus dem Bratsaft die Sauce zubereiten (siehe Seite 41).
Verwenden Sie ein Tranchierbesteck, um den Braten aufzuschneiden.

1 Die fertiggebratene Lammkeule aus dem Ofen nehmen, lose in Alufolie einpacken und etwa 15 Minuten an einem warmen Platz ruhen lassen.

2 Keule mit der Fleischseite nach oben legen. Am unteren Ende einen Keil herausschneiden. Von dort aus nach oben hin Scheiben abschneiden.

3 Wenn die Fleischseite ganz aufgeteilt ist, die Keule umdrehen. Diese Seite horizontal (parallel zum Knochen) in Scheiben schneiden.

BRATEN OHNE KNOCHEN

Entbeinte Fleischstücke werden häufig gerollt und in Form gebunden verkauft. So lassen sie sich leicht braten und aufschneiden. Empfehlenswert für diese Zubereitungsart sind Lende und Oberschale vom Rind sowie Schulter, Rücken und Hachsen von Schwein und Lamm. Lassen Sie das Fleisch vor der weiteren Vorbereitung Raumtemperatur annehmen. Ein Fleischthermometer ist hilfreich, aber nicht unbedingt notwendig. Hier wird eine Schweineschulter vor dem Braten mit Olivenöl, Pfeffer und Salz eingerieben, was eine würzige Kruste ergibt. Für Brattemperaturen und -zeiten siehe Seite 246.

1 Das Fleisch mit Olivenöl, dann mit 4 TL geschrotetem Pfeffer und 2 TL grobem Salz einreiben.

2 Auf dem Rost einer Bratreine braten, ab und zu mit Bratsaft begießen. Das Bindegarn mit einer Schere aufschneiden.

3 Das Garn entfernen und wegwerfen. Den Braten lose in Folie wickeln und 15 Minuten ruhen lassen. Inzwischen die Sauce zubereiten (siehe Seite 41).

4 Zum Aufschneiden den Braten mit einer Tranchiergabel festhalten. Mit einem Tranchiermesser in gleichmäßig dicke Scheiben schneiden.

RINDERBRATEN AM KNOCHEN

Das Rippenstück von einem Rind ist hervorragend zum Braten im Backofen geeignet. Die Rippenknochen leiten die Hitze, sodass das Fleisch rasch gart, ohne auszutrocknen. Das Fleisch soll vor der Zubereitung Raumtemperatur annehmen. Alles Fett bis auf eine dünne Schicht entfernen. Mit Olivenöl, Salz und geschrotetem Pfeffer einreiben. Wenn ein Fleischthermometer vorhanden ist, tief ins Fleisch einstechen, ohne den Knochen zu berühren. Während das Fleisch ruht, stellt man die Sauce her (siehe Seite 41). Für Brattemperaturen und -zeiten siehe Seite 246.

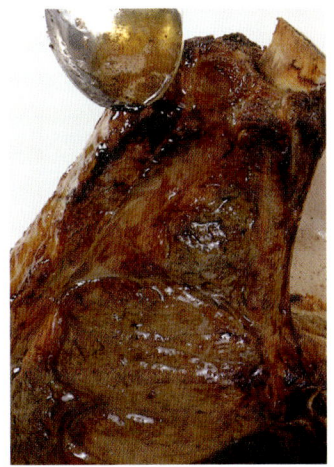

1 Rippenstück in einer Bratreine braten, wobei die Rippen nach oben zeigen. Hin und wieder mit Bratsaft begießen.

2 Ist der austretende Saft rosa, ist das Fleisch blutig; ist er hell, medium bis durchgebraten. In Folie 15 Minuten ruhen lassen.

3 Zuerst das Fleisch von den Knochen befreien: Bei den Rippen beginnend in sägender Bewegung zwischen Knochen und Fleisch abwärts schneiden.

4 Die Fettseite nach oben drehen. Das Roastbeef senkrecht in Scheiben schneiden, dabei das Messer mit nur leichtem Druck hin und her bewegen.

GEMÜSE

Kaufen Sie frisches Gemüse nur in kleinen Mengen. Gemüse schmeckt frisch einfach besser, es ist auch gesünder: Mit dem Alter verliert es an Vitaminen und anderen wichtigen Inhaltsstoffen.

ZWIEBELN

Mit diesem einfachen Verfahren schneiden erfahrene Köche Zwiebeln in gleichmäßig große Stücke. Unterschiedlich große Stücke können das Erscheinungsbild und die Harmonie eines Gerichts stören.

1 Den oberen Ansatz abschneiden, dann die braunen Häute bis zum Wurzelansatz abziehen. Letzteren säubern, aber nicht wegschneiden.

2 Die Zwiebel längs halbieren. Eine Hälfte mit der Schnittseite nach unten hinlegen und mit einer Hand festhalten – die Fingerspitzen gut einziehen!

3 Zwiebel 1- bis 2-mal horizontal knapp bis zum Wurzelansatz einschneiden. Dann vertikal der Länge nach einschneiden, wieder nur bis zum Wurzelansatz.

4 Quer zur Längsachse in Würfel schneiden. Je dichter die Schnitte, desto feiner die Würfel. Den Wurzelansatz kann man für Brühe verwenden.

KNOBLAUCH

Eine Knolle Knoblauch besteht aus vielen Zehen. Die Zehen mit den Fingern aus der Knolle brechen, dann wie hier gezeigt schälen und durchpressen. Die Zehen lassen sich aber auch wunderbar mit einer flachen Messerklinge zerdrücken. Knoblauch mit violetten Häuten ist der beste.

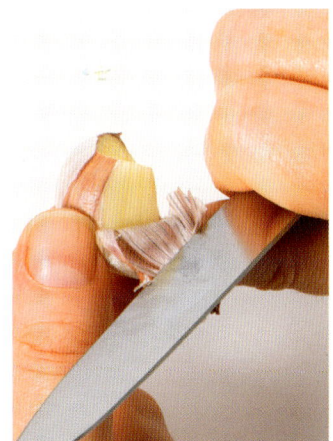

1 Vor dem Schälen die Zehe mit der flachen Messerklinge leicht andrücken; dann ist die Haut leichter abzulösen. Mit einem Messer Haut abziehen.

2 Geschälte Zehe – evtl. in Hälften – in eine Knoblauch-presse geben und Griffe zusam-mendrücken. Fruchtfleisch mit einem Messer abstreifen.

LAUCH

Oft ist zwischen den Blättern noch Erde vorhanden, auch wenn es nicht den Anschein hat. Wenn hal-bierte Lauchstangen für ein Gericht verlangt werden, wäscht man sie in der hier gezeigten Weise. Wird Lauch in Scheiben vorgeschrie-ben, schneidet man die Stangen erst längs durch, dann quer in Scheiben; gründlich waschen und abtropfen lassen.

1 Hartes Grün und Wurzel-ansatz abschneiden (für Brühe verwenden). Junge Lauchstan-gen sind zarter und können fast ganz verwendet werden.

2 Die Stangen längs halbieren und unter fließendem Wasser spülen, dabei sorgfältig die Erde zwischen den Blättern entfernen.

PAPRIKA

Paprikaschoten gibt es in den verschiedensten Farben; rote, grüne und gelbe sind am häufigsten. Rote Schoten sind einfach die reife Version der grünen. Daneben gibt es auch orangefarbene und sogar violette Früchte. Alle schmecken ähnlich; grüne Schoten sind aber am wenigsten süß, da sie noch nicht reif sind. Sollen Paprikaschoten gefüllt oder in Ringe geschnitten werden, entfernt man die Samen vom Stielansatz her (1). Sonst halbiert man sie erst der Länge nach (2).

1 Mit einem kleinen Messer um den Stiel herum tief einschneiden. Mit Hilfe des Messers den Stielansatz herausziehen und wegwerfen.

2 Die Schote längs halbieren und Samen entfernen. Die weißen Scheidehäute ebenfalls wegschneiden.

CHILISCHOTEN

Je kleiner eine Chilischote, desto schärfer ist sie meist. Vorsicht beim Umgang mit Chilischoten! Sich niemals mit den Fingern in den Augen reiben! Nach der Arbeit die Hände und alles verwendete Gerät gründlich waschen. Für zusätzlichen Schutz kann man Gummihandschuhe anziehen.

1 Die Chilischote mit einem kleinen Messer längs halbieren. Samen und Trennhäute mit der Spitze des Messers herauskratzen und wegwerfen.

2 Die Schotenhälften flach drücken und quer in Streifen schneiden. Für kleine Würfel erst längs in Streifen scheiden, dann quer in Würfel.

TOMATEN

Geschälte Tomaten in Dosen sind die beste Wahl außerhalb der Saison, wenn man keine frischen, reifen Tomaten bekommt. Tomaten aus Gewächshäusern haben oft wenig Aroma, dafür eine harte Haut, die schwer zu entfernen ist. Sollen Tomaten enthäutet werden, schneidet man sie gegenüber dem Stielansatz über Kreuz ein und verfährt dann wie hier gezeigt. Anschließend den Kern oder das ganze Innere herausschneiden.

1 Die Tomaten 15–30 Sekunden in kochendes Wasser tauchen, bis die Haut platzt und beginnt, sich abzulösen. In kaltes Wasser geben.

2 Eine Frucht nach der anderen herausnehmen. Die Haut mit Daumen und Messer festhalten und abziehen. Tomaten halbieren und entkernen.

STANGEN-SELLERIE

Eine feste, geschlossene Staude mit hellgrünen Blättern ist bei Stangensellerie die beste Wahl. Frische Stangen brechen leicht; wenn sie sich biegen lassen, haben sie die beste Zeit hinter sich. Gegebenenfalls von den groben äußeren Stangen die Fasern an der Außenseite abziehen.

1 Die Enden mit den Blättern abschneiden, ebenso den Wurzelansatz, der die Stangen zusammenhält. Unansehnliche Stangen wegwerfen.

2 Wenn nötig, die Stangen am Wurzelende flach einschneiden und die harten Fasern nach unten abziehen.

AVOCADOS

Für Avocado in Vinaigrette und gefüllte Avocados verfährt man in der hier gezeigten Weise. Für Salate halbiert und entsteint man die Frucht, dann zieht man die Haut ab und würfelt das Fleisch. Für Dips Avocado halbieren und entsteinen, dann das Fleisch mit einem Löffel herauskratzen. Zitronensaft verhindert, dass sich das Fleisch verfärbt.

1 Mit einem scharfen Kochmesser die Avocado längs bis auf den Stein einschneiden. Die Hälften gegeneinander drehen und vom Stein lösen.

2 Die Hälfte mit dem Stein in einer Hand halten. Ein Messer am flachen Ende in den Stein stechen und den Stein vorsichtig herauslösen.

AUBERGINEN

Sollen Auberginen gebraten werden, behandelt man sie vorher mit Salz, damit bitterer Saft herausgezogen und das Fleisch fester wird. So saugen sie weniger Öl auf. Bei Gerichten mit vielen Gemüsesorten und Flüssigkeit wie Ratatouille ist das nicht nötig. Auberginen kann man braten, grillen und im Ofen überbacken.

Schälen ist überflüssig. Die Auberginen quer in etwa 1 cm dicke Scheiben schneiden, die Enden wegwerfen. Die Scheiben nebeneinander ausbreiten, großzügig mit Salz bestreuen und etwa 30 Minuten stehen lassen – auf den Scheiben wird sich der Saft in Tropfen sammeln. Die Scheiben in einem Durchschlag mit kaltem Wasser abspülen, abtropfen lassen und vor dem Braten mit Küchenpapier gut trocken tupfen.

KÜRBISSE

Zu den besten Winterkürbissen gehören der bunte Eichelkürbis (rechts) und der bekannte orange-rote Gartenkürbis Roter Zentner. Beide haben eine harte, nicht essbare Schale, die schwer zu schneiden ist. Daher teilt man den Kürbis in Spalten, wie hier gezeigt. Das feste Fleisch muss gut gegart werden, ob gedünstet, gekocht oder gebacken. Sehr beliebt ist auch der Hokkaido-Kürbis, der nicht geschält werden muss.

1 Mit einem Kochmesser Stiel und einen Deckel abschneiden, Kürbis längs halbieren. Kerne mit einem Löffel entfernen. Hälften in Spalten schneiden.

2 Die Schale sorgfältig vom Fleisch schneiden, dann das Fleisch in Stücke schneiden, wie es das jeweilige Rezept verlangt.

ZUCCHINI

Die bei uns erhältlichen Sorten besitzen eine dünne, essbare Schale und essbare Samen. Das weiche Fleisch enthält viel Wasser und ist rasch gar. Man kann Zucchini dünsten, braten, grillen und überbacken, man kann sie sogar roh als Salat essen.

Beide Enden abschneiden. Sehr kleine Zucchini können ganz bleiben, kleine werden üblicherweise quer in runde Scheiben geschnitten. Große Exemplare halbiert man am besten erst der Länge nach, dann schneidet man sie quer in Scheiben. Stifte sind ebenfalls eine geeignete Form. Außerdem kann man große Zucchini längs halbieren, von den Kernen befreien, füllen und im Ofen backen.

PILZE

Alle Pilze verderben schnell, weshalb man sie so rasch wie möglich verbraucht und erst unmittelbar vor der Zubereitung putzt. Ihr schwammartiges Gewebe kann viel Wasser aufnehmen; daher werden sie nicht gewaschen, sondern nur abgewischt oder abgebürstet. Es ist auch nicht notwendig, die Haut vom Hut abzuziehen. Die meisten Sorten, die man beim Gemüsehändler oder im Supermarkt bekommt, sind auf sterilem Substrat gezüchtet. Um die Konsistenz und das Aroma zu bewahren, Pilze nur kurz braten oder schmoren.

Zuchtpilze
1 Pilze, hier Champignons, mit einem feuchten Tuch abreiben. Stiele, wenn gewünscht, vom Hut trennen.

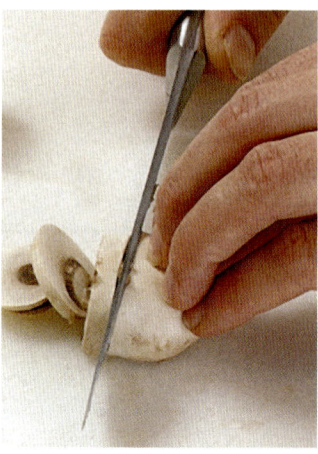

2 Pilze mit der Stielseite nach unten auf ein Schneidebrett legen. Mit einem Kochmesser in gleichmäßige Scheiben schneiden.

Wildpilze
1 Mit einem feuchten Tuch abreiben und das unansehnliche Stielende mit einem kleinen Messer abschneiden.

2 Mit einem Kochmesser längs halbieren, um ihre hübsche natürliche Form möglichst zu erhalten.

MÖHREN & PASTINAKEN

Diese Wurzelgemüse besitzen eine faserige Struktur und ein leicht süßliches Aroma. Zuerst mit einem Schälmesser oder Sparschäler dünn abschälen und die Enden mit einem Kochmesser abschneiden, dann wie hier gezeigt vorbereiten. Möhren können auch roh gegessen werden, ob in Scheiben oder in Stifte geschnitten; Stifte verwendet man gern beim Braten im Wok. Pastinaken werden immer gegart: gekocht und püriert oder blanchiert und gebraten. Wichtige Informationen zur Zubereitung und zu Kochzeiten von Möhren und Pastinaken sind auf Seite 248 zu finden.

Möhren
In gewünschte Länge bringen, längs in Scheiben schneiden, diese aufeinanderlegen und längs in Stifte schneiden.

Oder quer zur Längsachse in gleichmäßig dicke Scheiben schneiden. Damit sie rasch garen, sollten sie nicht dicker als 5 mm sein.

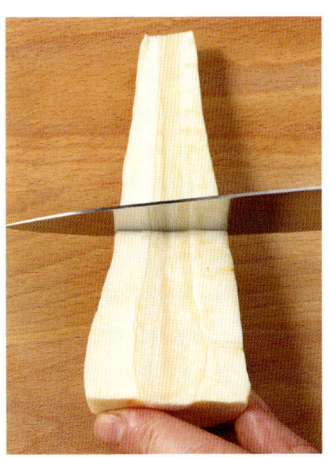

Pastinaken
1 Mit einem Kochmesser erst längs, dann quer halbieren. Jede Pastinake ergibt 2 dicke und 2 dünne Stücke.

2 Alte Pastinaken haben einen holzigen Kern: Man sollte sie vierteln, aufrecht hinstellen und den Kern herausschneiden.

KOHL & BROKKOLI

Die zahlreichen Kohlsorten wie Wirsing, Rosenkohl oder Brokkoli, gehören zur Familie der Kreuzblütler. Sie sind eine unverzichtbare Quelle wichtiger Nährstoffe, weshalb man sie möglichst kurz gart. Wichtige Informationen für die Zubereitung und zu Kochzeiten sind auf Seite 247 zu finden.

Wirsing
Längs in Viertel schneiden und jeweils den Strunk entfernen. Blätter ablösen und die dicke Mittelrippe herausschneiden.

Weißkraut
Längs in Viertel schneiden und jeweils den Strunk entfernen. Die Viertel quer in sehr feine Streifen schneiden.

Brokkoli
Röschen vom dicken Stiel trennen. Große Röschen in kleinere Stücke teilen. Den Stiel schälen, wenn nötig. In Stifte oder dünne Scheiben schneiden.

Rosenkohl
Wurzelansatz abschneiden. Unansehnliche Außenblätter entfernen und wegwerfen. Große Röschen für rascheres Garen kreuzweise einschneiden.

SPINAT

Roher Spinat ist leicht, und große Mengen fallen beim Garen schnell zusammen. Für 4 Personen rechnet man 600 g. Zarte Blätter von jungem Spinat können roh für Salate verwendet werden, dann benötigt man 200 g für 4 Personen.

1 Um die Mittelrippen zu entfernen, die Blätter längs entlang der Rippe falten und diese aus dem Blatt reißen.

2 Blätter in viel kaltem Wasser waschen, leicht schütteln und in einen großen Topf geben. Leicht zusammendrücken und mit etwas Salz bestreuen.

3 Topf mit einem Deckel dicht verschließen, bei mittlerer Hitze 3–5 Minuten dünsten. Den Topf mit aufgesetztem Deckel mehrmals rütteln.

4 In einen Durchschlag geben und kräftig pressen, damit möglichst viel Wasser abfließt. Im heißen Topf rühren, bis der Spinat trocken ist.

KARTOFFELN SCHÄLEN

Kartoffeln, die zu Püree oder Brat-
kartoffeln verarbeitet werden sollen, werden vor dem Kochen meist
geschält. Neue Kartoffeln muss
man nur gut abschrubben. Für
Hinweise zum richtigen Umgang
mit Kartoffeln siehe Seite 251.

 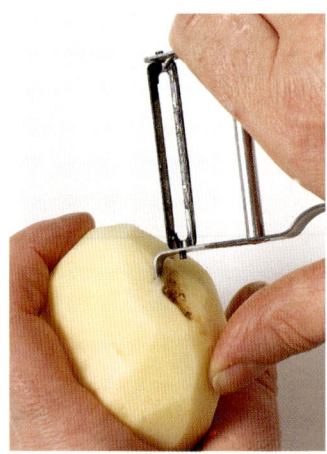

1 Kartoffel mit einer Hand
festhalten. Die Schale mit
einem Sparschäler mit kurzen,
energischen Bewegungen in
Streifen dünn abschälen.

2 Übriggebliebene Vertiefungen wie die »Augen« mit
dem Ausstecher an der Seite
des Schälers oder mit einem
kleinen Messer entfernen.

KARTOFFELN KOCHEN

Nur so viel Wasser verwenden,
dass die Kartoffeln eben bedeckt
sind. Die Kochzeit beginnt, wenn
das Wasser nach dem Zugeben der
Kartoffen wieder kocht. Für 4–6
Personen rechnet man etwa 1 kg
Kartoffeln. 1 EL Salz kommt ins
Kochwasser.

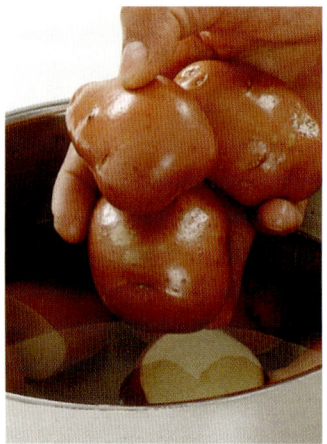 

1 Damit die Kartoffeln gleichzeitig gar werden, gleich große
Exemplare auswählen. Alte
Kartoffeln in kaltem Salzwasser
aufsetzen, neue in kochendem.

2 Zudecken und je nach Größe
und Sorte in 25–30 Minuten
garen. Mit einem spitzen Messer prüfen. Sofort abgießen.

KARTOFFEL-PÜREE

Für ein gutes Püree verwendet man am besten mehlige Sorten. Man rechnet 1 kg Kartoffeln, 1 TL Salz, 200 ml heiße Milch und 50–75 g Butter für 4–6 Personen.

1 Kartoffeln schälen, kochen und abgießen (siehe links). In den Topf zurückgeben. Milch separat heiß werden lassen und über die Kartoffeln gießen.

2 Butter (oder 2–3 EL Olivenöl) zugeben. Mit einem Kartoffel-stampfer gründlich zerquetschen. Keinen elektrischen Pürierstab verwenden!

3 Durcharbeiten, bis keine größeren Stücke mehr vorhanden sind und das Püree schön cremig ist.

POMMES FRITES

Am besten gelingen Pommes frites in einer elektrischen Fritteuse mit Thermostat. Die Gebrauchsanweisung des Herstellers sorgfältig lesen! Das Geheimnis guter Pommes frites besteht darin, sie erst bei niedriger Temperatur zu frittieren und dann noch einmal bei hoher Temperatur. Mehlige Sorten sind am besten geeignet. 750 g Kartoffeln reichen für 4 Personen.

1 Kartoffeln in 5 mm dicke Stifte schneiden. Für 10 Minuten in kaltes Wasser geben, abtropfen lassen und abtrocknen. Öl auf 160 °C aufheizen.

2 Kartoffeln in das Öl absenken und in 5–6 Minuten weich frittieren. Mit einem spitzen Messer prüfen. Herausnehmen und abkühlen lassen.

3 Das Öl auf 190 °C erhitzen. Den Korb ins Öl absenken und die Kartoffelstifte in 3–4 Minuten braun und knusprig frittieren. Auf Küchenpapier abtropfen lassen.

RÖSTKARTOF-FELN AUS DEM BACKOFEN

Dafür eignen sich mehlige Kartoffeln am besten (etwa 1 kg für 4 Personen). Den Backofen auf 220 °C (Umluft 200 °C) aufheizen. Kartoffeln schälen und, wenn nötig, in gleich große Stücke schneiden. In kaltem Salzwasser aufsetzen, zum Kochen bringen und dann abgießen. 3 EL Sonnenblumenöl in eine Reine geben und diese in 5 Minuten im Ofen heiß werden lassen.

1 Bratreine aus dem Ofen nehmen, Kartoffeln hineingeben und im heißen Öl wenden. Wieder in den Ofen stellen und 5–10 Minuten braten.

2 Die Reine rütteln, damit die Kartoffeln nicht festkleben. In 45 Minuten knusprig backen, mehrmals wenden. Mit einem Schaumlöffel herausheben.

KARTOFFELN IN DER SCHALE BACKEN

Große mehlige Kartoffeln sind aufgrund ihrer flaumigen Konsistenz gut für das Backen in der Schale geeignet. Sind sie gar, serviert man sie mit etwas Butter oder einer Füllung nach Wahl.

1 Backofen auf 220 °C (Umluft 200 °C) aufheizen. Kartoffeln unter kaltem Wasser gut abschrubben. Augen (siehe Seite 192) entfernen.

2 Kartoffeln mit einer Gabel einstechen, damit die Schale nicht platzt. 1–1¼ Stunden auf einem gefetteten Backblech backen, bis sie ganz weich sind.

FRÜCHTE

Das ganze Jahr über wird heute eine große Auswahl frischer Früchte angeboten. Mit ihrem hohen Gehalt an Vitaminen und Ballaststoffen sind sie für eine gesunde Ernährung unverzichtbar. Roh oder in würzigen bzw. süßen Gerichten schmecken sie gleichermaßen gut.

ÄPFEL & BIRNEN

Geschälte Äpfel und Birnen werden an der Luft rasch braun. Um dies zu vermeiden, beträufelt man sie sofort nach dem Schälen bzw. Kleinschneiden mit Saft von Zitrusfrüchten – Zitrone, Orange oder Limette.

Äpfel
1 Die Frucht mit einer Hand festhalten und den Ausstecher über dem Stiel aufsetzen. Kräftig in den Apfel drehen, aber nicht ganz hindurch.

2 Den Ausstecher herausziehen, dabei kräftig drehen, um das Kernhaus zu entfernen. Sofort füllen, bevor das Innere braun wird.

Birnen
1 Den Stiel ausreißen. Birne längs halbieren. Aus jeder Hälfte die Blüte mit zwei schrägen Schnitten entfernen.

ÄPFEL IN SCHEIBEN SCHNEIDEN

Wenn Sie Äpfel für ein Kompott, eine Füllung oder einen Fruchtsalat klein schneiden wollen: Das hier demonstrierte Verfahren ist das schnellste und einfachste. Es ist für Koch- und Tafeläpfel gleichermaßen geeignet.

1 Die Äpfel längs halbieren und die Hälften nochmals teilen. Mit zwei schrägen Schnitten das Kernhaus herausschneiden.

2 Dann mit einem Schälmesser oder einem kleinen Messer schälen. Das sollte rasch vonstatten gehen, damit sich die Äpfel nicht verfärben.

3 Jedes Viertel längs in gleichmäßig dünne, halbmondförmige Scheiben schneiden.

4 Geschälte Äpfel werden rasch braun. Das kann man verhindern, indem man sie in Zitronensaft schwenkt.

STEINFRÜCHTE

Pflaumen, Pfirsiche, Nektarinen und Aprikosen müssen meist vom Stein befreit werden, bevor sie für ein Rezept verwendet werden. Häufig haftet der Stein fest am Fleisch, besonders wenn die Frucht nicht ganz reif ist. Das hier gezeigte Verfahren funktioniert auch in diesem Fall. Die Früchte, sobald sie entsteint sind, immer in Zitronensaft schwenken. Mangos besitzen einen großen, flachen Stein, der nicht genau in der Mitte sitzt und zur Entfernung eine besondere Technik verlangt.

Den Stein entfernen
1 Mit einem kleinen Messer entlang der Furche rundum bis zum Stein einschneiden. Die Hälften festhalten und in entgegengesetzte Richtungen drehen.

2 Den Stein lockern, indem man mit der Messerspitze darunter fährt. Dann mit den Fingern herauslösen. Die Haut kann nach Bedarf abgezogen werden.

Eine Mango vorbereiten
1 Mit einem Kochmesser die Frucht neben dem Stein durchschneiden. Auf der anderen Seite des Steins ebenso verfahren, sodass 3 Stücke entstehen.

2 Beim Mittelstück das Fleisch ringsum vom Stein abschneiden. Alle Stücke mit einem kleinen Messer von der Haut befreien, dann klein schneiden.

BEEREN

Johannisbeeren werden von den Stielen abgezupft, dann wie hier für Erdbeeren beschrieben gewaschen und getrocknet. Alle Beeren werden so vorbereitet – mit Ausnahme von Himbeeren, die zu empfindlich sind; auch würde ihr Aroma unter dem Waschen leiden. Beeren frühestens 2 Stunden vor dem Genuss vorbereiten; danach in einer verschlossenen Schüssel im Kühlschrank aufbewahren, da sie rasch verderben.

Erdbeeren
1 Den grünen Blütenkelch herausziehen oder, wenn nötig, mit der Spitze eines kleinen Messers ausschneiden und wegwerfen.

2 So rasch und behutsam wie möglich in einem Durchschlag unter kaltem Wasser waschen. Den Durchschlag sanft rütteln, damit die Früchte nicht beschädigt werden.

3 Die Früchte auf einem Tablett auf einer doppelten Lage Küchenpapier ausbreiten. Das Tablett sanft schwenken, damit die Früchte auf allen Seiten trocknen.

ZITRUS-FRÜCHTE VER-ARBEITEN

Glänzende, pralle Früchte mit einer festen Schale ohne Blessuren sind am geeignetsten, wenn man die Schale abreiben will. Kaufen Sie unbedingt unbehandelte Früchte, denn das chemische Wachs lässt sich auch mit heißem Wasser nicht entfernen. Früchte mit dünner Schale ergeben den meisten Saft.

Zitronenschale
Einen Zestenreißer immer zu sich her ziehen. Dabei kräftig aufdrücken, aber nicht die weiße Schale abreiben.

Bei Verwendung einer Reibe die Frucht mit leichtem Druck über die feinste Stufe gleiten lassen. Die Schale mit einem Küchenpinsel von der Reibe bürsten.

Saft pressen
1 Die halbierte Frucht fest auf den Konus einer Zitruspresse drücken und drehen, bis aller Saft ausgepresst ist. Zimmerwarme Früchte sind ergiebiger.

2 Den Siebeinsatz herausnehmen, Kerne und Fruchtfleisch auspressen und wegwerfen. Der Saft kann in einem verschlossenen Behälter im Kühlschrank aufbewahrt werden.

ZITRUS-FRÜCHTE FILETIEREN

Um die bitteren weißen Teile der Schale und die Haut der einzelnen Spalten zu entfernen, arbeiten erfahrene Köche nach der hier gezeigten Methode. Trennen Sie die Filets über einer Schüssel heraus, um den Saft aufzufangen. Für runde Scheiben schneidet man die Frucht nach dem Abschälen (Schritt 1) quer zur Achse auf.

Orange
1 Von den Enden der Frucht einen Deckel abschneiden. Der Rundung der Frucht folgend bis aufs Fleisch abschälen.

2 Mit einem kleinen scharfen Messer das Fruchtfleisch (Filets) aus den Häuten zu beiden Seiten herausschneiden.

Grapefruit
1 Die Frucht quer halbieren. Mit einem kleinen scharfen Messer zwischen Fleisch und weißer Schale ringsherum tief einschneiden.

2 Die Messerspitze in der Mitte ansetzend das Fruchtfleisch auf beiden Seiten von den Häuten trennen. Dann können die Segmente mit einem schmalen Löffel herausgeholt werden.

ANANAS

Zum Schälen einer Ananas braucht man ein scharfes, stabiles Kochmesser. Die Schale ist hart und zäh, weshalb man das Messer mit Kraft in einer sägenden Bewegung führt. Die Frucht zunächst auf ein Brett legen und den Stielansatz und das Grün abschneiden, sodass sie aufrecht stehen kann.

Man kann die Ananas auch nach Schritt 1 quer in ganze Scheiben schneiden. Dann die Scheiben flach hinlegen und den Strunk herausschneiden oder mit einem runden Ausstecher ausstanzen.

1 Ananas hinstellen und Schale der Rundung folgend abschneiden. Dabei möglichst viel von den Stacheln und möglichst wenig vom Fleisch entfernen.

2 Ananas langs halbieren. Dann mit der Schnittfläche nach unten aufs Brett legen und jede Hälfte längs halbieren.

3 Den faserigen Strunk aus der Mitte der Ananas wegschneiden und wegwerfen. Bei jungen Früchten ist er zart und kann mitgegessen werden.

4 Die Viertel quer in Scheiben von gewünschter Dicke schneiden. Die Scheiben können für kleinere Stücke noch halbiert oder gedrittelt werden.

MELONE

Eine Melone sollte man vor dem Aufschneiden immer, in einer Plastiktüte verpackt, im Kühlschrank durchkühlen. Wird sie nicht eingepackt, kann freiwerdendes Äthylen den Reifeprozeß anderer Früchte beschleunigen.

Die Melone, wie hier gezeigt, in Spalten schneiden und als Vorspeise mit Schinken oder für Fruchtsalat verwenden. Alternativ das Fruchtfleisch längs in gleichmäßige schmale Scheiben schneiden und auf einer Platte auffächern.

1 Die Frucht mit einer Hand festhalten und längs mit einem Kochmesser halbieren. Samen und Fasern mit einem großen Löffel herauskratzen.

2 Die Höhlung der Melonenhälften mit dem Löffel noch einmal sauberkratzen. Dann längs in Viertel oder Achtel schneiden.

3 Das Messer an einem Ende zwischen Fleisch und Schale ansetzen und der Rundung folgend in sägender Bewegung zum anderen Ende führen.

4 Das abgelöste Fruchtfleisch in gleich dicke Scheiben schneiden. Die Scheiben können für kleinere Stücke noch halbiert oder gedrittelt werden.

MÜRBETEIG

Einen Mürbeteig selbst herzustellen ist nicht ganz einfach, lohnt sich aber: Wer den Bogen einmal raus hat, verfügt über ein eindrucksvolles Repertoire an Pasteten, Quiches und Tartes.

FETT EINARBEITEN

Küche, Zutaten und Geräte sollten kühl sein, und der Teig soll möglichst rasch zubereitet werden. Die hier angegebenen Mengen reichen für einen gedeckten Kuchen (24 cm Ø), die Hälfte davon ergibt einen Teigboden mit diesem Durchmesser. Der Teig kann auch mithilfe eines elektrischen Handrührgeräts oder in einer Küchenmaschine hergestellt werden.

1 350 g Mehl in eine große Schüssel sieben. 175 g kalte Butter oder Margarine würfeln und auf das Mehl geben.

2 Fett und Mehl mit den Fingerspitzen rasch vermengen. Dabei immer wieder tief in die Schüssel greifen, damit das gesamte Mehl verarbeitet wird.

3 Hin und wieder die Schüssel rütteln, damit die letzten Butterwürfel eingearbeitet werden können.

4 Wenn das Fett vollständig eingearbeitet ist, erinnert der Teig an Brotkrumen. Jetzt kommt Wasser dazu (rechts).

WASSER ZUGEBEN

Das Wasser soll kalt sein, und es wird nach und nach zugegeben, denn die nötige Menge variiert. Wenn der Teig zu trocken ist, hält er nicht zusammen, ist er zu nass, klebt er – in beiden Fällen kann man ihn kaum ausrollen. Arbeiten Sie zügig, am besten mit einem Tafelmesser mit abgerundeter Klinge oder einem Teigschaber.

1 4 EL kaltes Wasser zugeben, und zwar Löffel für Löffel. Jeden Löffel einarbeiten, dann den nächsten zugeben.

2 Wenn die Mischung zusammenzukleben beginnt, hat man genug Wasser zugegeben.

3 Den Teig mit den Fingern einer Hand behutsam gegen den Rand der Schüssel schieben.

4 Anschließend den Teig auf eine leicht bemehlte Fläche geben und sanft zu einer Kugel zusammendrücken.

DEN TEIG FORMEN

Für einen Mürbeteigkuchen verwendet man eine Springform oder eine Tarteform mit Hebeboden. Einfetten ist nicht nötig, da der Teig schon viel Fett enthält. Darauf achten, dass der Teig beim Ausrollen und Einlegen in die Form nicht zu stark gedehnt wird, sonst zieht er sich beim Backen wieder zusammen. Die mit Teig ausgelegte Form für etwa 30 Minuten in den Kühlschrank oder für 15 Minuten in den Gefrierschrank stellen; das festigt den Teig, sodass er beim Backen seine Form behält.

1 Boden und Rand der Form auseinandernehmen und beides mit Mehl bestreuen. Den Teig auf den Boden setzen.

2 Den Teig so ausrollen, dass er ringsum 5 cm über den Boden der Form hinausreicht. Den Teigrand nach innen schlagen.

3 Den Boden der Form mit dem Teig in die Backform setzen. Teig wieder nach außen über den Rand schlagen.

4 Mit der Teigrolle über den Rand rollen und so den überstehenden Teig sauber entfernen. Rand andrücken.

BLINDBACKEN

Tartes und Quiches werden oft mit einer flüssigen Masse gefüllt. Damit der Teigboden knusprig wird, muss er erst einmal ohne Füllung gebacken werden – das nennt man »blindbacken«. Der Teigboden wird mit Alufolie bedeckt und beschwert, damit er nicht aufgeht. Zum Beschweren verwendet man Bohnenkerne oder Trockenerbsen; inzwischen kann man dafür auch kleine Kugeln aus Keramik kaufen. Hülsenfrüchte kann man immer wieder verwenden, essbar sind sie nicht mehr.

1 Den Teigboden mit einer Gabel einstechen. Mit einem Stück Alufolie auslegen – auch den Rand.

2 Nun die Alufolie mit Hülsenfrüchten bedecken. Bei 180 °C (Umluft 160 °C) etwa 10 Minuten backen.

3 Der Rand des Teigs sollte hellbraun sein; sonst noch 1–2 Minuten backen. Hülsenfrüchte und Folie entfernen.

4 Den Teigboden weitere 5 Minuten backen, bis auch er ein helles Braun aufweist. Abkühlen lassen.

SAUCEN & CREMES

Selbst gemachte Saucen schmecken sehr viel besser als Fertigprodukte. Diese einfach herzustellenden Grundsaucen ergänzen die Hauptgerichte und sind Bestandteil vieler Rezepte. Infos zur Bratensauce finden Sie auf Seite 41.

BÉCHAMEL-SAUCE

Dieses Rezept ergibt eine weiße Sauce von mittlerer Konsistenz; je nach Geschmack kann man weniger bzw. mehr Milch verwenden.

ZUTATEN

30 g Butter
30 g Mehl
500 ml heiße Milch
Salz
frisch gemahlener weißer Pfeffer
frisch geriebene Muskatnuss

1 Die Butter in einem Stieltopf bei mittlerer Hitze schmelzen. Das Mehl hinzufügen.

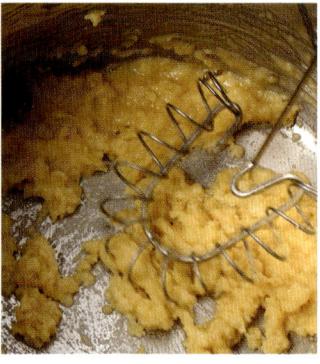

2 Die Masse unter ständigem Rühren aufkochen lassen. Topf von der Kochstelle nehmen.

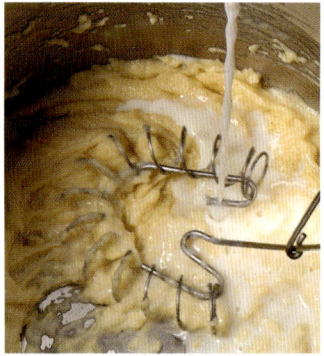

3 Nach und nach die Milch zugießen, dabei weiterrühren, bis die Sauce eindickt.

4 Bei niedriger Temperatur unter Rühren 7–10 Minuten köcheln lassen. Mit Salz, Pfeffer und Muskatnuss würzen.

KONDITOR-CREME

So stellt man eine echte Konditorcreme mit Eiern und Vanille her. Ergibt etwa 600 ml Creme.

ZUTATEN

500 ml Milch
1 Vanilleschote,
    längs aufgeschnitten
3 große Eigelb
75 g Zucker
40 g Mehl oder Stärkemehl

1 Milch bei mittlerer Temperatur erhitzen, nicht kochen. Vom Herd nehmen, Vanilleschote darin 20 Minuten ziehen lassen.

2 Eigelbe und Zucker mit einem Schneebesen schaumig rühren. Mehl vorsichtig unterziehen. Vanilleschote aus der Milch heben.

3 Die Milch zur Eiermischung geben. Alles zurück in den Topf geben und unter Rühren allmählich heiß werden lassen.

4 Unter Rühren bei niedriger Temperatur etwa 5 Minuten köcheln, bis die Creme die Löffelrückseite dick überzieht.

MAYONNAISE

Hier wird Mayonnaise in einer
Küchenmaschine (Zerkleinerer oder
Mixer) hergestellt. Sie kann aber
genauso gut mit dem elektrischen
Handrührgerät oder von Hand
gerührt werden. In diesem Fall
ersetzt man das ganze Ei durch
2 Eigelbe. Alle Zutaten sollten
raumtemperiert sein. Mit dem
Schneebesen die Eigelbe mit Senf,
Essig und Gewürzen gut vermen-
gen. Während des Schlagens das
Öl tropfenweise zugießen. Wenn
die Masse einzudicken beginnt, das
Öl in dünnem Strahl unterschlagen.
Mit Zitronensaft abschmecken.
Hinweise zum Umgang mit Eiern
auf Seite 250.

1 Ei, Senf, Essig und Gewürze
in den Behälter geben. Mixen,
bis eine glatte, dicke Masse
entstanden ist.

2 Bei voller Geschwindigkeit
das Öl durch die Deckelöffnung
in einem dünnen Strahl dazu-
laufen lassen.

ZUTATEN

1 großes Ei
1 TL Dijonsenf
1 EL Weißweinessig
Salz
frisch gemahlener weißer Pfeffer
300 ml Sonnenblumenöl
Saft von ½ Zitrone

3 Sobald die Mayonnaise ein-
gedickt ist, den Zitronensaft
zugeben und unterrühren.
Abschmecken.
In einem dicht schließenden
Glas hält sich die Mayonnaise
im Kühlschrank 3 Tage.

VINAIGRETTE

Diese klassische Salatsauce ist sehr schnell und leicht herzustellen. Im Kühlschrank hält sie sich 1 Monat, sodass man sie gut auf Vorrat herstellen kann. Man bewahrt sie in einem Schraubdeckelglas auf und schüttelt sie vor Verwendung. Um ein gutes Aroma zu erzielen, sollte man immer erstklassiges Öl und guten Essig verwenden. Grobkörniger Senf statt normalem Dijonsenf verleiht der Sauce eine besondere Note. Als Salatkräuter sind Estragon, Basilikum, Petersilie und Schnittlauch besonders gut geeignet.

Die hier angegebene Menge reicht für 2 große Schüsseln mit grünem oder gemischtem Salat, jeweils für 4–6 Personen.

ZUTATEN

2 EL Weinessig
2 TL Dijonsenf
1–2 TL Zucker
Salz, frisch gemahlener Pfeffer
6 EL Sonnenblumenöl
   oder bestes Olivenöl
1 EL frische Kräuter, gehackt

1 Essig, Senf, 1 TL Zucker, Salz und Pfeffer in einer kleinen Schüssel mit dem Schneebesen verrühren.

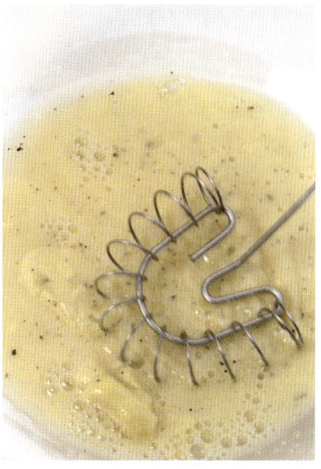

2 Die Mischung kräftig weiterrühren, bis alle Zutaten vermischt sind.

3 Das Öl in einem dünnen Strahl zugießen und kräftig unterschlagen.

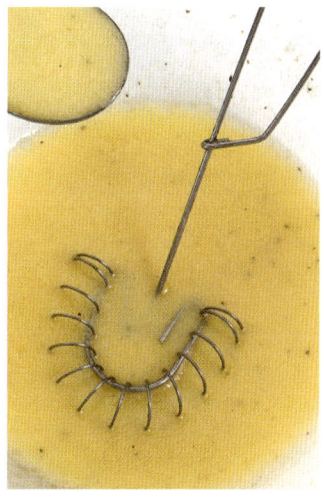

4 Vinaigrette mit Zucker, Salz und Pfeffer abschmecken. Kräuter erst unmittelbar vor dem Servieren einrühren.

BROTKRUMEN & CROÛTONS

Übrig gebliebenes Brot sollte man nicht wegwerfen – es kann zu Brotkrumen für Panaden verarbeitet werden, zu Füllungen für Fleisch und Geflügel sowie zu Croûtons als Garnitur für Salate und Suppen.

FRISCHE BROTKRUMEN

Feine Brotkrumen für Panaden und Füllungen stellt man am besten im Zerkleinerer her. Das Brot sollte einen Tag alt sein, da ganz frisches Brot am Messer kleben bleibt. Gröbere Brösel stellt man mithilfe einer Reibe her.

1 Weiße Brotkrumen ergeben eine attraktive Panade, daher die Rinde entfernen. Bei Füllungen sorgt die Rinde für Farbe und Substanz.

2 Für etwa 75 g Brotkrumen 3 Scheiben Weißbrot in den Zerkleinerer bröseln. Bis zum gewünschten Feinheitsgrad hacken.

TROCKENE BROTKRUMEN

Getrocknete Brotkrumen ergeben knusprigere Panaden als frische, und sie erfordern nur wenig zusätzliche Arbeit. Man kann die Brotscheiben auch erst im Ofen trocknen und dann zu Bröseln verarbeiten, das Ergebnis ist dasselbe.

1 Altbackenes Brot zu feinen Brotkrumen verarbeiten (siehe oben) und auf einem Backblech gleichmäßig verteilen.

2 Die Brotkrumen bei 150°C (Umluft 140°C) etwa 20 Minuten backen, bis sie goldgelb sind. Ab und zu wenden, damit sie gleichmäßig bräunen.

CROÛTONS

Fertige Croûtons gibt es auch zu kaufen, aber selbst gemachte sind billiger und viel besser, außerdem machen sie nur wenig Mühe. Mit dem hier gezeigten Verfahren braucht man nur sehr wenig Öl.

1 2 Scheiben Brot vom Vortag übereinanderlegen und die Rinde abschneiden. In gleich große Würfel schneiden.

2 In eine Plastiktüte 1–2 EL Sonnenblumenöl und dazu die Brotwürfel geben. Tüte verschließen und kräftig schütteln.

3 Die Croûtons in einer beschichteten Pfanne bei mittlerer Hitze goldbraun braten. Dabei immer wieder wenden.

BLATTSALAT & KRÄUTER

Blattsalate und Kräuter sind empfindlich. Deshalb sollte man sie immer sorgfältig behandeln und unbedingt im Kühlschrank aufbewahren, um sie frisch zu halten.

KOPFSALAT

Damit die empfindlichen Blätter nicht gequetscht werden, sollten sie in mundgerechte Stücke zerrupft und nicht mit dem Messer geschnitten werden. Je größer die Stücke bleiben, desto besser halten sie sich. Kopfsalat kann, in einer Plastiktüte verpackt, im Kühlschrank einen Tag frisch gehalten werden.

1 Mit einem kleinen Messer den Salatkopf rund um den Strunk einschneiden. Die Basis des Strunks keilförmig herausschneiden.

2 Die Daumen in das Loch drücken, wo vorher der Strunk saß, und den Kopf vorsichtig in Hälften reißen. Die Blätter einzeln ablösen.

3 Die Blätter in kaltem Wasser waschen und in einem Durchschlag abtropfen lassen. Mehrmals rütteln, damit das Wasser abtropft.

4 Die Salatblätter in Stücke reißen. Dann nochmals im Durchschlag rütteln oder eine Salatschleuder verwenden, bis die Blätter trocken sind.

FRISCHE KRÄUTER

Aromatische Kräuter bereitet man am besten unmittelbar vor dem Genuss vor, damit sie nicht austrocknen und sich verfärben. Heiße Zubereitungen erst kurz vor dem Servieren mit Kräutern würzen, da sie bei längerem Garen an Aroma einbüßen.

Hacken
Bei robusten Kräutern die Blätter von den Stängeln zupfen. Ein Kochmesser mit beiden Händen fassen und die Kräuter in wiegender Bewegung zerkleinern.

Schneiden
Schnittlauch mit seinen hohlen Stängeln schneidet man am besten mit einer Schere. Dafür ein kleines Bündel Schnittlauch über eine Schale halten.

Basilikum zerkleinern
Die weichen, empfindlichen Blätter von frischem Basilikum rollt man vorsichtig zur Form einer Zigarre auf und schneidet sie quer in feine Streifen.

Bouquet garni
5–6 Zweige Petersilie, 2–3 Zweige Thymian und 1 Lorbeerblatt mit Küchengarn fest zusammenbinden.

Zutaten

Bevor Sie einen Vorrat an Zutaten anlegen, überlegen Sie, wie Ihr Speisezettel im Allgemeinen
aussieht. Kaufen Sie nur Nahrungsmittel, die Sie
auch wirklich benötigen. Zur Aufbewahrung ist ein
Schrank im kühlsten Teil Ihrer Küche am besten
geeignet, etwa an einer nach Norden weisenden
Außenwand, auf keinen Fall aber in der Nähe der
Zentralheizung oder des Herds. Der Schrank sollte
trocken und leicht zu reinigen sein. Verstauen Sie
die Vorräte in sinnvoller Anordnung – zum Beispiel
die Tüten mit den diversen Sorten Mehl, Reis und
Nudeln beieinander –, wobei die am häufigsten
verwendeten nach vorne kommen. Prüfen Sie Ihre
Vorräte regelmäßig auf die Haltbarkeitsdauer, und
beachten Sie, dass bestimmte Zutaten im Kühlschrank aufzubewahren sind, sobald das Behältnis
geöffnet wurde.

DAUERVORRÄTE

Nudeln, Getreide und Hülsenfrüchte sind das Rückgrat jeder Küche, sie sind Grundbausteine für eine unübersehbare Zahl guter, nahrhafter Gerichte. Man bewahrt sie an einem trockenen, kühlen Platz auf.

NUDELN

Teigwaren halten sich, trocken und kühl aufbewahrt, 2 Jahre. Traditionelle Rezepte verwenden ganz bestimmte Sorten, meist ist die Auswahl aber eine Sache des persönlichen Geschmacks. Farbige Pasta enthält Spinat (grün) oder Tomatenmark (rot).

Kleine Formen

Lumache   Gnocchi   Conchiglie

Hohle Nudelformen wie Conchiglie (Muscheln) oder Lumache (Schnecken) nehmen besonders viel Sauce auf. Große Muscheln können gefüllt und mit einer Sauce serviert werden.

Spaghetti

Rigatoni

Penne

Röhrennudeln wie Penne (Federn) und Rigatoni (gerillte kurze Makkaroni) eignen sich gut für Sahnesaucen, dicke Sorten für Saucen mit viel Fleisch in größeren Stücken.

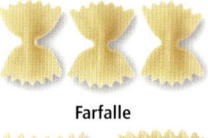

Farfalle

Fusilli

Nudeln ohne Hohlräume wie Fusilli (Spiralen) und Farfalle (Schmetterlinge) sind vielfältig verwendbar. Sie passen zu den meisten Saucen, vor allem aber zu Sahne- oder Gemüsesaucen.

Tagliatelle

Lange Formen

Dickere Spaghetti passen zu den meisten Saucen, solange sie nur kleine Fleisch- oder Fischstücke enthalten. Die dünneren Spaghettini kombiniert man am besten mit leichten Saucen. Capelli d'angelo (Engelshaar) sind sehr dünn, weshalb man sie gut in Butter oder Olivenöl schwenken kann. Tagliatelle (Bandnudeln) werden meist mit herzhaften Fleisch- oder Sahnesaucen serviert.

Lasagne & Cannelloni

Rechteckige Teigblätter verwendet man, um Lasagne zu machen. Es ist nicht nötig, sie vor der Verwendung zu kochen; man schichtet sie einfach direkt aus der Packung im Wechsel mit relativ flüssigen Saucen übereinander. Fertig gekaufte Cannelloni-Röhren sind trocken am leichtesten zu füllen. Wie die Lasagne-Blätter werden sie beim Backen mit Tomaten- oder Béchamelsauce weich und gar.

Lasagne

Cannelloni

Chinesische Eiernudeln

sehen wie eine Strickarbeit aus, die zu einem Rechteck gepresst wurde. Die meisten Sorten müssen nicht kochen, nur in heißem Wasser ziehen. Verwendet werden sie für fernöstliche Gerichte wie Suppen und Wok-Zubereitungen.

MEHL

Mehl sollte man nur in überschaubaren Mengen kaufen, die rasch aufgebraucht werden; es sollte nicht länger als 6 Monate lagern. Vollkornmehl sollte man möglichst frisch verwenden (nicht länger als 2 Monate lagern).

Vollkornmehl
Alternative zu Weißmehl mit nussigem Aroma; ergibt schwereres Backwerk. Als Fein- und Brotmehl in unterschiedlichen Ausmahlgraden zu bekommen.

Weißmehl
Weizenmehl der Type 405 ist das Allroundmehl in der Küche: zum Andicken, für süße und salzige Kuchen, für Pfannkuchen- und Ausbackteig und vieles andere.

Brotmehl
Mehl ab Type 550 aufwärts enthält mehr Gluten und ist zum Brotbacken unverzichtbar. Es ist auch als Vollkornmehl erhältlich.

Stärkemehl
Das feine, pudrige Mehl aus Mais oder Kartoffeln wird vor allem zum Andicken verwendet. Muss vor der Verwendung mit kalter Flüssigkeit angerührt werden.

GETREIDE

Bulgur, Polenta oder Couscous sind eine interessante Alternative zu Reis und leicht zuzubereiten. Kühl und trocken aufbewahrt halten sich diese Getreidearten mindestens 12 Monate.

Weißer Langkornreis
Ideale Beilage zu vielen aromatischen Gerichten. In reichlich Wasser gekocht, kleben die Reiskörner nicht aneinander.

Parboiled Reis
Langkorn- oder Rundkornreis, der unter Druck vorgegart und dann poliert wurde. Er ist besonders problemlos zuzubereiten.

Couscous
Unverzichtbare Beilage zu würzigen Gerichten nordafrikanischer Herkunft. Couscous ist ein vorgegarter Grieß, meist aus Weizen.

Brauner Reis (Naturreis)
Reis, dessen Silberhäutchen nicht entfernt wurden. Nussiger Geschmack, reich an Vitaminen und Mineralien. Längere Garzeit.

Bulgur
Wie Couscous, jedoch gröber geschrotet. Sehr beliebt im Mittelmeerraum und im Nahen Osten, besonders für Pilaw und Tabouleh.

Polenta
Maisgrieß spielt in der italienischen Küche eine wichtige Rolle. Wird mit Wasser und/oder Milch gekocht. Kann gebraten werden.

HÜLSENFRÜCHTE

Bohnenkerne, Erbsen und Linsen sind die wichtigsten Mitglieder der Familie der Hülsenfrüchte. Mit Ausnahme von Linsen müssen sie vor der Zubereitung mindestens 8 Stunden eingeweicht werden. Man sollte sie nicht länger als 9 Monate aufbewahren.

Kidney-Bohnen
Populär in der mexikanischen Küche, besonders für Chili con Carne. Wegen ihrer besonderen Farbe machen sie sich in Salaten und Eintöpfen gut. Die Zubereitungshinweise auf Seite 157 beachten.

Cannellini-Bohnen
Gute Allzweckbohne für Suppen, Eintöpfe und Salate, unverzichtbar in der toskanischen bzw. italienischen Küche. Gekocht besitzen sie eine besonders zarte, cremige Konsistenz.

Schwarze Bohnen
Traditionelle Zutat der karibischen, mexikanischen, südamerikanischen und chinesischen Küche. Mit ihrem leicht süßlichen Aroma passen sie besonders zu Reisgerichten und würzigen Saucen.

Borlotti-Bohnen
Sehr beliebt in der italienischen Küche. Wegen ihrer cremigen Konsistenz besonders gut für Suppen und Eintöpfe geeignet. Hübscher Blickfang in Salaten und Ragouts. Ihr Aroma ist leicht bitter-süß.

Adzuki-Bohnen
Gut in Salaten sowie in japanischen oder chinesischen Reisgerichten und Suppen. Werden auch für Süßspeisen verwendet. Zart im Biss, kräftig im Geschmack.

Kichererbsen
In der Küche des Nahen Ostens und Nordafrikas äußerst beliebt, unverzichtbar in Hummus oder für Falafel. Beliebt auch in indischen Currys und spanischen Eintöpfen. Lange Einweichzeit.

Schälerbsen
Gelbe und grüne Schälerbsen können gleichermaßen für Suppen, Pürees und überbackene Gerichte verwendet werden. Besonders beliebt sind sie in herzhaften Wintergerichten, aber auch zu Fisch passt das Püree gut.

Linsen
Rote Linsen sind ideal für indische Currys (Dhal), aber auch für Suppen geeignet, weil sie durch das Kochen weich werden und zerfallen. Grüne und braune Linsen behalten ihre Form und sind ideal als Beilage oder Hauptzutat vegetarischer Gerichte.

GEWÜRZE & KRÄUTER

Frisch gemahlene Gewürze besitzen intensive Aromen, die leider rasch verloren gehen. Kaufen Sie also, was Sie nicht selbst mahlen, nur in geringen Mengen und bewahren Sie den Rest luftdicht verschlossen in lichtundurchlässigen Behältnissen auf.

SAMEN, RINDE & CO.

Gewürze in Form von Samenkapseln sollte man erst unmittelbar vor dem Verbrauch mahlen. In der trockenen Pfanne 2–3 Minuten unter Rühren geröstet, entfalten sie ihr Aroma besonders gut. Auch andere Samen, wie Sesam, können so geröstet werden, um ihren Geschmack zu verbessern.

Koriander
Aroma: sehr aromatisch mit einem Hauch Orangenschale. Verwendung: als Samen oder gemahlen in der indischen Küche sowie zu Geflügel, Fleisch und Gemüse.

Kurkuma
Aroma: leicht pfeffrig. Verwendung: gemahlen in kleinen Mengen zum Gelbfärben, besonders in indischen Currys und Hülsenfruchtgerichten. Günstiger Ersatz für Safran.

Gewürznelken
Aroma: süß, sehr aromatisch. Verwendung: ganze Nägel zum Aromatisieren von Braten, Saucen, Cremes, Kompotten; gemahlen für Desserts, Füllungen und Backwerk.

Kardamom
Aroma: kräftig mit zitronigem Nachgeschmack. Verwendung: indische und orientalische Küche, besonders in Süßspeisen. Kapseln aufbrechen und Samen herausnehmen.

Kreuzkümmel
Aroma: sehr charakteristisch, leicht bitter. Verwendung: mexikanische, afrikanische und orientalische Küche, zu Huhn und Gemüse. Das Selbstmahlen ist schwierig.

Zimt
Aroma: charakteristisch, würzig-warm. Verwendung: gemahlen für Backwerk aller Art, Rinde zum Aromatisieren von Saucen, Cremes und Kompott sowie für Punsch.

Ingwer
Aroma: scharf, stechend, leicht zitronig. Verwendung: für Desserts und Backwerk, in der indischen und fernöstlichen Küche (z. B. Chutneys). Auch Ersatz für frische Ingwerwurzel.

Safran
Aroma: leicht bitter und stechend, aromatisch. Seit langer Zeit ein begehrtes, teures Gewürz, das aus den Blütennarben bestimmter Krokusarten gewonnen wird. Verwendung: zum Aromatisieren und Gelbfärben von Gerichten und Backwerk. Safranfäden 20 Minuten in warmem Wasser einweichen und das Wasser verwenden. Alternativ gemahlenen Safran in Flüssigkeit geben und gut unterrühren.

Muskatnuss / Muskatblüte
Aroma: süßlich, warm, recht kräftig. Besonders aromatisch, wenn frisch gerieben; erst kurz vor Ende der Kochzeit zugeben. Verwendung: für Gemüse, Suppen und Saucen, Füllungen, Fisch- und Käsegerichte, Süßspeisen und Cocktails. Muskatblüte, die netzartige Hülle der Muskatnuss (getrocknet oder gemahlen im Handel), ist teurer und besitzt ein feineres, leichteres Aroma. Wird ebenso verwendet wie Muskatnuss.

Kümmel
Aroma: pikant, bittersüß.
Verwendung: herzhafte Gerichte
der deutschen/österreichischen
Küche; in Backwaren, besonders
in Rezepten der jüdischen Küche.
Für Käse oder Schweinefleisch.

Weißer Sesam
Aroma: leicht nussig. Unverzichtbar in Tahini, einer Paste aus
weißem Sesam. Verwendung: in
der orientalischen und der chinesischen Küche. Rösten verstärkt
das Aroma.

Mohn
Aroma: nussig, leicht süß.
Verwendung: in indischen
Gerichten, zum Bestreuen
von Backwerk, gequetscht als
Kuchenfüllung. Graublaue Sorten
sind am häufigsten.

Dill
Aroma: süßlich, erinnert an Anis
und Kümmel. Verwendung: in
Rezepten der skandinavischen
und osteuropäischen Küche,
besonders für Fisch und eingelegtes Gemüse (Essiggurken).

GEWÜRZMISCHUNGEN

Fertige Zusammenstellungen gemahlener Gewürze sparen Zeit,
manche sind sogar für bestimmte Gerichte typisch. Das Angebot
der diversen Hersteller ist riesig. Diese hier gehören zu den am
häufigsten verwendeten.

Currypulver
Aroma: in vielen Varianten erhält-
lich – von mild bis höllisch scharf.
Verwendung: für indische Currys und
Wok-Zubereitungen sowie alle asiatisch
inspirierten Gerichte.

Garam Masala
Aroma: Mischung aus Kreuzkümmel,
Koriander, Kardamom, Nelken, Zimt,
Pfeffer, Muskatblüte und Lorbeerblättern.
Verwendung: für milde Currys nach
nordindischer Art.

Lebkuchengewürz
Aroma: traditionelle Mischung aus sechs
süßen Gewürzen, meist Piment, Zimt,
Nelken, Koriander, Muskatnuss und
Muskatblüte. Verwendung: für Kuchen
und Kleingebäck.

DIE PAPRIKA-FAMILIE

Die getrockneten Schoten liefern eine Reihe sehr aromatischer Gewürze. Da sie mehr oder weniger scharf sind, ist ein wenig Warenkunde hilfreich.

Getrocknete Chilischoten

Chiliflocken
Aroma: aufgrund der vielen Chilisamen sehr scharf, also vorsichtig dosieren. Verwendung: werden über das fertige Gericht gestreut. Kann man aus getrockneten Chilischoten selbst im Mörser herstellen.

Paprikapulver
Aroma: Die mildeste Sorte in der Paprika-Familie ist in den Varianten edelsüß und rosenscharf erhältlich. Verwendung: für zahlreiche Gerichte der ungarischen und spanischen Küche sowie zur Dekoration.

Cayennepfeffer
Aroma: Für Cayennepfeffer werden sehr scharfe Chilischoten gemahlen. Verwendung: in der mexikanischen und Cajun-Küche sowie nach Geschmack zum Aromatisieren von Gerichten aller Art – auch Süßspeisen.

Chilipulver
Aroma: eine unterschiedlich scharfe Mischung aus Chilischoten, Knoblauch, Kreuzkümmel und Oregano. Verwendung: für Gerichte der mexikanischen, der südamerikanischen und indischen Küche.

SALZ & PFEFFER

Unverzichtbare Ingredienzien in der Küche und bei Tisch. Die Zahl der unterschiedlichen Sorten ist enorm – hier nur die wichtigsten.

Tafelsalz / Kochsalz
Raffiniertes Steinsalz oder Meersalz, meist mit Zusätzen zur Verbesserung der Rieselfähigkeit sowie angereichert mit Jod bzw. Fluorid. Verwendung: in der Küche und zum Würzen bei Tisch.

Grobes Salz
Mittlere bis große Salzkristalle aus Stein- oder Meersalz. Meersalz schmeckt intensiver als Steinsalz. Verwendung: in der Küche und bei Tisch. Auch für Salzmühlen geeignet.

Schwarzer Pfeffer
Ganze Pfefferkörner und fertig gemahlen erhältlich. Verwendung: in der Küche und bei Tisch. Besonders aromatisch schmeckt Pfeffer frisch gemahlen aus der Mühle.

Bunter Pfeffer
Eine Mischung aus schwarzen, weißen, grünen und roten Pfefferkörnern. Interessant in Ergänzung mit Piment. Verwendung: Über das fertige Gericht mahlen. Eine Abwechslung zu weißem oder schwarzem Pfeffer.

GETROCKNETE KRÄUTER

Für Salate und Saucen verwendet man frische Kräuter. Für Gerichte, die lange garen, wie Eintöpfe und Ragouts, sind getrocknete besser geeignet. Man sollte über einen Grundvorrat an getrockneten Kräutern verfügen. Aufbewahrt werden sie in luftdicht verschließbaren, lichtundurchlässigen Behältern; innerhalb von 12 Monaten sollten sie verbraucht werden. Gefriergetrocknete Kräuter punkten durch intensive Farbe und kräftiges Aroma, meist genügt die Hälfte der im Rezept angegebenen Menge.

Salbei
Aroma: leicht bitter, intensiver als frischer Salbei. Verwendung: sehr gut für (fettes) Fleisch, besonders Schwein, Ente, Würste; auch für Kalbfleisch und Innereien. Zurückhaltend verwenden.

Dill
Aroma: fein, an Anis erinnernd. Sollte man gefriergetrocknet oder tiefgekühlt vorrätig haben. Verwendung: für Gerichte der nord- und osteuropäischen Küche wie Gurken, Fisch und Wurzelgemüse.

Majoran
Aroma: sehr kräftig, fast scharf. Variante des wilden Majorans (Oregano). Verwendung: in mitteleuropäischen und in mediterranen Gerichten wie Tomatensauce, Pizza; wichtig auch in der mexikanischen Küche.

Lorbeerblätter
Aroma: pikant und leicht harzig; intensiver, wenn man die Blätter vor Verwendung knickt. Lange Garzeit ist vorteilhaft. Verwendung: für Saucen, Suppen, Eintöpfe und Schmorfleisch. Auch für Fisch interessant.

Gemischte Kräuter
Gemischt werden meist Majoran, Oregano, Rosmarin, Bohnenkraut und Thymian. Verwendung: in vielen Gerichten mit kräftigem Geschmack wie Saucen, Eintöpfen, Schmorgerichten mit Tomaten.

Basilikum
Aroma: süßlich-scharf. Erinnert mehr an Minze als an frisches Basilikum. Verwendung: in Salaten und mediterranen Saucen mit langer Kochzeit (besonders Tomatensaucen). Wird häufig mit Knoblauch kombiniert.

Rosmarin
Aroma: pikant-würzig, leicht harzig. Milder als frischer Rosmarin. Verwendung: in mediterranen Schmorgerichten und Marinaden mit Lamm, Schwein, Huhn; außerdem für Kartoffelgerichte und Brot mit Kräutern wie Focaccia.

ÖL & ESSIG

Im Küchenregal macht eine Reihe von Flaschen mit den unterschiedlichsten Öl- und Essigsorten durchaus Eindruck. Tatsächlich brauchen Sie zum Kochen aber nur einige wenige, dafür vielseitig verwendbare Sorten.

ÖL

Zum Braten, für Salatsaucen und Marinaden, zum Fetten von Formen. Aus Früchten, Nüssen oder Samen gepresst, ist es gesünder als tierisches Fett. Kühl und dunkel aufbewahren, regelmäßig die Haltbarkeitsdauer prüfen.

ESSIG

Essig in Flaschen sollte man möglichst dunkel und kühl aufbewahren, sonst kann er rasch an Aroma verlieren. Richtig gelagert, sollte er auch nach 2 Jahren noch intensiv schmecken.

Sonnenblumenöl
Aroma: sehr zurückhaltend, fast neutral. Verwendung: Allzwecköl, ebenso für Salate geeignet wie zum Kochen und Braten. Kann für mehr Aroma mit Olivenöl gemischt werden.

Olivenöl
Aroma: leicht fruchtig oder auch kräftig – je nach Sorte, Herkunft und Qualität. Einfaches Olivenöl ist oft eine Mischung aus raffiniertem Öl und nativem Öl. Verwendung: zum Braten und Kochen.

Natives Olivenöl extra
Aroma: pfeffrig-pikant, sehr fruchtig. Besonders schonend kalt gepresst. Verwendung: für Salatsaucen, zum Beträufeln von kalten und heißen Gerichten. Zum Kochen/Braten fast zu schade.

Weinessig
Aroma: Rot-/Weißweinessig fruchtig, Sherryessig leicht nussig. Balsamico wird aus eingekochtem Traubenmost hergestellt, reift in Holzfässern. Verwendung: für Saucen und Marinaden.

Apfelessig
Aroma: intensiv, wie kräftiger Apfelwein. Verwendung: wie Weinessig, jedoch sparsamer dosieren. Gut für Schwein und Innereien sowie für eingelegtes Gemüse und Chutneys.

SAUCEN, SENF & CO.

Eine Reihe Fertigsaucen und Fruchtzubereitungen sollte man immer im Schrank haben, denn mit ihrer Hilfe kann man vielen Gerichten rasch ein besonderes Aroma verleihen. Manche müssen nach dem Öffnen im Kühlschrank aufbewahrt werden.

WÜRZSAUCEN & FRUCHTZUBEREITUNGEN

Ein Schuss Sojasauce, ein Tropfen Tabasco, ein Esslöffel Ketchup – und ein Gericht bekommt den entscheidenden Pfiff. Der Markt bietet eine unübersehbare Zahl von würzenden Zutaten; welche man im Vorratsschrank aufbewahrt, ist nur eine Frage des persönlichen Geschmacks.

Tabasco
Aroma: feurig-scharf. Wird nach geheimem Rezept aus Chilischoten hergestellt. Verwendung: in mexikanischen Gerichten und für alle Gerichte, die ein bisschen Pep vertragen können.

Sahnemeerrettich
Aroma: scharf und stechend. Zubereitet aus geriebenem Meerrettich, Essig und Sahne. Verwendung: zu Fleisch, geräuchertem Fisch, Eiern.

Worcestersauce
Aroma: salzig-pikant. Aus Sardellen, Melasse, Tamarindenextrakt und anderen Würzzutaten. Verwendung: allgemein zum Würzen, für Saucen und Marinaden.

Tomatenketchup
Aroma: charakteristisch süß-sauer. Hergestellt aus Tomaten, Essig, Zucker und Gewürzen. Verwendung: für Marinaden und Salatsaucen sowie als Dip.

Sojasauce
Aroma: Helle chinesische Sojasauce ist mild, die dunkle Variante intensiv und salzig, japanische Sojasauce leicht süß. Verwendung: für fernöstliche Gerichte.

Mango-Chutney
Aroma: fruchtig, süß-sauer. Mit Mangostücken. Oft scharf und intensiv gewürzt. Verwendung: für indische Gerichte, Dips und Saucen.

Rote-Johannisbeeren-Gelee
Aroma: sehr süß, mit säuerlichem Rückgrat. Verwendung: Verleiht Bratensaucen (besonders von Lamm, Schwein, Huhn und Wild) süße Fülle und Farbe.

SENF

Aus den Samen der Senfpflanze werden zahlreiche Sorten von Senf hergestellt. Ob süß und mild oder brennend scharf, hellgelb oder dunkelbraun,
glatt oder grob gemahlen – jeder hat seine Favoriten. Alle Varianten können zum Kochen und als Würze verwendet werden. Die hier vorgestellten
Sorten bieten eine Auswahl für unterschiedliche Gelegenheiten.

Grober Senf
Aroma: meist mild, es gibt aber auch scharfe
Sorten. Verwendung: wie Dijonsenf, wenn
ein milderes Aroma gewünscht wird. Auch
zum Bestreichen von Braten und Grillfleisch.

Dijonsenf
Aroma: sehr intensiv, wird aus den schärfs-
ten Senfsorten hergestellt.
Verwendung: für Saucen, Dips, Marinaden
und Mayonnaise.

Englisches Senfpulver
Aroma: sehr scharf. Verwendung:
Senfpulver in Saucen und Marinaden rühren. Mit Wasser angerührt
wie Dijonsenf verwendbar.

TOMATEN

Frische Tomaten sind heute immer zu bekommen, schmecken aber nur
im Sommer wirklich gut. Zum Kochen sind Tomaten in Dosen (ganz oder
in Stücken) jederzeit die richtige Wahl, da sie sonnengereift geerntet und
sofort verarbeitet werden. Die hier gezeigten Produkte auf der Basis von
Tomaten geben den Gerichten auch Substanz, Rundung und Fülle.

Tomatenmark
Zwei- oder dreifach konzentriert, verkauft
in Tuben und Dosen. Verwendung: zum
Aromatisieren, Andicken und Färben von
Saucen, Suppen und Schmorgerichten.

Getrocknete Tomaten in Öl
In Hälften oder kleinen Stücken, eingelegt
in Olivenöl, manchmal mit Gewürzen. In
Gläsern oder offen verkauft. Verwendung:
für Antipasti, Salate und Saucen.

Passierte Tomaten
Sonnengereifte Tomaten, fein püriert,
verkauft in Dosen und im Tetra-Pack.
Verwendung: für Suppen, Saucen und
Schmorgerichte. Muss nicht gegart werden.

SÜSSUNGSMITTEL

Kristallzucker
Der normale weiße Haushaltszucker. Raffinadezucker ist eine feine Variante, wird in verschiedenen Kristallgrößen angeboten.

Puderzucker
Staubfein zermahlener Raffinadezucker, verwendet für Kuchenglasuren sowie zum dekorativen Überpudern von Desserts oder Kuchen.

Zuckerrohrgranulat
Heller und dunkler Raffinadezucker mit einem Anteil Melasse. Statt Weißzucker für mehr Aroma und Farbe verwenden, besonders beim Backen.

Ahornsirup
Aus dem Saft des nordamerikanischen Ahorns. Besitzt ein ausgeprägteres Aroma als Rübenzucker. Für Eiscreme, Kuchen und Kleingebäck, Pfannkuchen und Waffeln.

Demerarazucker
Mit Melasse braun gefärbte Raffinade. Körniger als Granulat; Kristalle lösen sich weniger leicht auf. Vor dem Backen auf Kuchen und Kekse streuen. Auch zum Tee.

Honig
Klarer Honig ist flüssig und löst sich besser als fester Honig. Das Aroma hängt von der Blütensorte ab und kann nach Geschmack gewählt werden.

TRIEB- & GELIERMITTEL

Trockenhefe
Pulver, das mit Mehl vermischt wird. Einfacher handzuhaben als Würfelhefe, außerdem lange haltbar.

Backpulver
Backtriebmittel für Kuchen und Kleingebäck, bestehend aus Natriumhydrogencarbonat und einem Säuerungsmittel.

Natron
Backtriebmittel mit geringerer Triebwirkung als Backpulver.

Gelatine
Geliermittel, in Blättern und gemahlen erhältlich. Muss in kalter Flüssigkeit quellen und in heißer Flüssigkeit aufgelöst werden.

Trockenhefe

Natron

Backpulver

Gelatine

AROMEN

Extrakte
Natürliche Extrakte sind besser als synthetische Aromen. Am wichtigsten sind Vanille- und Mandelextrakt.

Schokolade
Den intensivsten Schokoladengeschmack besitzen hochwertige Produkte mit mindestens 70% Kakaoanteil.

Kakaopulver
Erspart das Schmelzen der Schokolade. Für Kuchen, Saucen und Desserts.

Vanilleschoten
Zum Aromatisieren von Saucen und Cremes längs halbieren und mitkochen. Für echten Vanillezucker Schote in Zucker aufbewahren.

Vanilleschoten

Vanilleextrakt

Mandelextrakt

Schokolade

Kakaopulver

Geräte

Investieren Sie in die beste Ausstattung, die Sie sich leisten können (wobei gut nicht gleichbedeutend ist mit teuer). Gerade Anfänger sollten nicht an der falschen Stelle sparen, denn billiges Gerät muss bald wieder ersetzt werden. Außerdem erleichtert eine gute Ausstattung die Arbeit und spart Zeit. Überlegen Sie genau, welche Gerätschaften Sie am Anfang brauchen, und kaufen Sie nur das absolut Notwendige. Ergänzen Sie Ihre Ausstattung nach und nach – immer wenn Sie ein neues Gerät benötigen – zu einer richtigen *batterie de cuisine*. So verteilen sich die Investitionen auf einen längeren Zeitraum, und Ihre Schubladen und Arbeitsflächen bleiben frei von überflüssigen Dingen, die Sie nie benutzen.

MESSER & KLEINE HELFER

Eine kleine Palette sorgfältig ausgewählter Messer ist die wichtigste Arbeitsbasis in der Küche. Kleingeräte gibt es in großer Zahl, sie nehmen aber Platz weg und sind nicht immer notwendig. Kaufen Sie nur, was Sie unbedingt benötigen.

MESSER
Kaufen Sie gute Qualität und halten Sie Messer in einem Holzblock oder an einer Magnetleiste bereit. Geben Sie nur ausdrücklich dafür geeignete Messer in die Spülmaschine.

Wellenschliffmesser
Die 8 cm lange Wellenschliffklinge erleichtert das Schneiden von Früchten wie Tomaten, die außen fest und innen weich sind.

Gemüsemesser
Das Messer mit etwa 10 cm langer Klinge für kleinteilige Arbeiten wie Schälen, Parieren von Fleisch und das Entkernen von Äpfeln oder Paprikaschoten.

Kochmesser
Das wichtigste für viele Zwecke, mit 18–20 cm langer Klinge. Beim Zerkleinern bleibt die Spitze auf dem Brett, während der Griff auf und ab bewegt wird.

Brotmesser
Mit 23 cm-Wellenschliffklinge, die Brotkrusten sauber durchschneidet. Wellenschliffmesser müssen vom Fachmann geschärft werden.

Tranchiergabel
Damit hält man Fleischstücke und Geflügel sicher fest. Manche besitzen einen Messerabweiser.

Messerabweiser

Tranchiermesser
Die etwa 20 cm lange, flexible, zur Spitze hin geschwungene Klinge ist ideal, um Fleisch in dünne Scheiben zu schneiden.

Wetzstahl
Die Messerklinge in flachem Winkel rasch und mit wenig Druck über den Stahl führen. Mehrmals wiederholen, dabei abwechselnd über Vorder- und Rückseite des Stahls streichen.

Messerabweiser

Küchenschere

Eine eigene Schere nur für die Küche ist
wichtig – zum Öffnen von Verpackungen, zum Schnippeln von Kräutern und
für viele andere Arbeiten.

Schneidebretter

Bretter aus Holz sind zu Messern am
freundlichsten. Man sollte für unterschiedliche Zwecke jeweils ein eigenes
Brett verwenden, sodass Gares nicht
mit Rohem in Berührung kommt. Nach
Benutzung reinigen und heiß abspülen.

Apfelentkerner

Wird beim Vorbereiten von Bratäpfeln
und Apfelringen benötigt. Der vordere
Rand ist zugeschliffen oder gezackt
und wird mit drehender Bewegung in
den Apfel getrieben.

Sparschäler

Der Griff dieses Schälmessers ist gut
festzuhalten, und die drehbar gelagerte
Klinge folgt leicht der unregelmäßigen
Oberfläche von Gemüse. Der gehärtete
Stahl der Klinge bleibt lange scharf,
ist aber rostanfällig; daher nach dem
Abwaschen gut trocknen.

Korkenzieher

Die abgebildete Variante
ist leichter zu bedienen als
die meisten anderen Typen.
Man dreht den Griff in eine
Richtung, bis der Kork aus
der Flasche gezogen ist.

Dosenöffner

Ein stabiler, gut konstruierter Dosen-
öffner arbeitet mühelos und hinterlässt
keine gefährlichen scharfen Ränder.
Achten Sie auf Schneide-
räder und bequem zu
fassende Griffe.

Messerschärfer

Für Anfänger leichter zu benutzen
als ein Wetzstahl. Das senkrecht
gehaltene Messer mehrmals rück-
wärts durch den Schärfer ziehen.

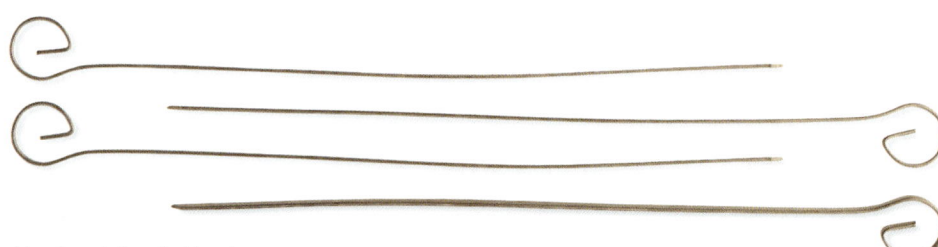

Spieße
Ein rechteckiger Querschnitt stellt sicher, dass
die aufgespießten Zutaten sich mitdrehen, wenn
der Spieß gewendet wird.

Großes Palettenmesser
Mit dem 21 cm langen,
abgerundeten und sehr flexiblen
Blatt kann man Tortenböden
gleichmäßig mit Creme oder
einem Guß bestreichen.

Kleines Palettenmesser
Sehr hilfreich zum Verstreichen von Massen,
besonders von weicher Butter. Nützlich auch,
um Kuchen vom Rand der Form zu lösen.

Flaschenöffner
Ein einfacher, stabiler Öffner mit ordentlichem Griff
leistet die besten Dienste.

Flaschenverschluss
Zum Wiederverschlie-
ßen von Bier- und
Saftflaschen.

Zestenreißer
Damit schält man die an ätherischen
Ölen reiche Schale von Zitrusfrüchten in dünnen Streifen (Zesten) ab.
Wichtig ist ein kräftiger Griff, der
gut in der Hand liegt, da man kräftig
drücken muss.

ZERKLEINERN

Für jede Arbeit das richtige Werkzeug – das klingt selbstverständlich und ist gerade für die Küche ein wichtiger Grundsatz. Ungeeignete Geräte verursachen nur Verdruss und führen zu unnötigem Zeitverlust.

HANDGERÄTE

Gute Zutaten verdienen eine gute Behandlung. Wer die richtigen Geräte nutzt, vergeudet weniger Lebensmittel. Hier einige wichtige Stücke, die in keiner Küche fehlen sollten.

Mühlen für Pfeffer & Salz
Frisch gemahlener Pfeffer ist ein Muss; Pfeffer verliert nach dem Mahlen rasch an Aroma. Die Salzmühle vervollständigt das Paar. Sie wird mit grobem Salz gefüllt.

Muskatreibe
Für Muskatnuss gilt dasselbe wie für Pfeffer: also immer selbst reiben und genau so viel, wie man braucht. In dieser Reibe kann man die Muskatnuss auch aufbewahren.

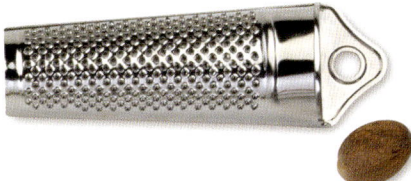

Vierseitreibe
Praktischer als eine flache Reibe, da sie aufrecht steht. Ab und zu das Reibgut herausschütteln, damit es nicht zu sehr gepresst wird. Zwei verschiedene Reibflächen (grob und fein) genügen.

Kartoffelstampfer
Man braucht Kraft, um Kartoffeln zu Püree zu verarbeiten. Wichtig ist daher ein stabiles Gerät mit komfortablem Griff.

Zitronenpresse
Diese stabile Presse aus Kunststoff
besitzt ein Unterteil, in dem sich
der Saft sammelt, und einen
Siebeinsatz, der Fleisch und Kerne
festhält.

Handrührgerät
Erleichtert das Rühren, Vermengen
und Steifschlagen ganz wesentlich.
Eine Hand bleibt frei, und man
kann mit dem Handrührgerät auch
in Töpfen auf dem Herd arbeiten.
Wichtig sind ein starker Motor,
drei Schnelligkeitsstufen und
leicht auswerfbare Quirle.

Mörser
Kaufen Sie den größten, den
Sie bequem verstauen können.
Porzellan (mit rauer Innen-
fläche) ist eine gute Wahl, da
es so schwer ist wie Marmor,
aber kein Vermögen kostet.

**Herausnehmbare
Lochplatte**

Knoblauchpresse
Wählen Sie ein stabiles Gerät
ganz aus Metall. Ein heraus-
nehmbarer gelochter Einsatz
erleichtert das Säubern.

MASCHINEN

Die Ausrüstung einer Küche mit der ganzen Palette möglicher elektrischer Geräte ist teuer und kostet viel Stauraum. Überlegen Sie daher vor dem Kauf gut, was Sie wie häufig zubereiten und in welchen Mengen.

Küchenmaschine

Macht einen separaten Mixer überflüssig. Das rotierende Doppelmesser zerkleinert und mixt, die Einsatzscheiben reiben und zerkleinern die Zutaten in bestimmte Formen. Im Allgemeinen sind teurere Maschinen vielseitiger verwendbar. Vorteilhaft ist ein zusätzlicher kleinerer Behälter für kleine Mengen.

Schnitzelscheibe

Reibscheibe (fein)

Schneidescheibe

Reibscheibe (grob)

Mix- oder Pürierstab

Mit der mobilen Version des Mixers, die außerdem preiswerter ist, kann man im Topf auf dem Herd arbeiten und kleine Mengen pürieren. Ein handliches Gerät, das nicht viel Platz wegnimmt und sehr vielseitig ist.

Mixer

Verarbeitet kalte und heiße Zutaten zu Suppen, Ausback- teigen, Dips und Drinks. Achten Sie auf tiefsitzende Messer, die auch kleine Mengen erfassen.

MESSEN, MISCHEN & SIEBEN

Nicht unterschätzen sollte man die Bedeutung exakter Mengen, besonders beim Backen. Ebenso wichtig für das Ergebnis Ihrer Anstrengungen ist das richtige Gerät zum Rühren und Sieben.

MESSEN
Es lohnt sich, in gute Ausrüstung zum Wiegen und Abmessen zu investieren. Besonders beim Backen von Kuchen oder Brot ist die genaue Bestimmung der Mengen entscheidend.

Messbecher
Kaufen Sie zwei – einen großen und einen kleinen. Im großen kann man auch Zutaten mixen, der kleine misst kleine Mengen genauer. Kunststoff ist sicherer und langlebiger, Glas ist für heiße Flüssigkeiten besser geeignet.

Messlöffel
Sehr häufig werden Mengen in Ess- oder Teelöffeln angegeben (gemeint ist damit gestrichen voll). Um immer dieselbe exakte Menge zu erhalten, ist ein solches Set normalen Löffeln vorzuziehen.

Waagen
Balkenwaagen wie dieses nostalgische Modell wiegen am genauesten, besonders bei kleinen Mengen. Die großen Gewichte bestehen meist aus Eisen, die kleinen aus Messing.

Stieltöpfe
Gerade zum Erwärmen von Butter oder zum Schmelzen von Schokolade im Wasserbad sind Stieltöpfe ideal. Kleinere Varianten dienen manchmal als Messbecher.

RÜHREN & SIEBEN

Der ovale Kochlöffel aus Holz ist nicht zufällig das Symbol für gute Hausmannskost. Praktischer sind aber Spatel und Kochlöffel mit einer Ecke, mit denen man den ganzen Topfboden erreicht.

Siebe

Schöpflöffel

Servierlöffel

Schaumlöffel

Pfannenwender

Siebe
Man sollte mindestens zwei besitzen (groß und klein): zum Sieben trockener Zutaten und zum Abseihen feuchter Zutaten, zum Passieren von Gemüse, Früchten oder Suppen.

Schöpflöffel
Zum Nachfüllen von heißem Wasser oder Brühe beim Kochen sowie zum Servieren von Suppen und Eintöpfen.

Servierlöffel
Der Griff wird heiß, wenn man den Löffel im Topf lässt, daher nur zum Servieren verwenden.

Pfannenwender
Für alle festen Zutaten, die man in der Pfanne umdrehen oder aus der Pfanne heben muss. Besonders hilfreich bei empfindlichen Produkten wie Fisch, die leicht auseinanderfallen.

Schaumlöffel
Unverzichtbar zum Herausheben von Gegartem aus der heißen Kochflüssigkeit und zum Abschöpfen des Schaums von Brühe. Es gibt runde und ovale Varianten.

Kochlöffel
Kochlöffel mit kurzen Griffen eignen sich zum Mischen und Schlagen in Schüsseln, solche mit langen Griffen zum Rühren in Töpfen auf dem Herd. An Holzlöffeln oder Kunststoff kann man sich nicht verbrennen, und sie zerkratzen keine Beschichtung. Ein Löffel mit einer Ecke erreicht auch den Winkel zwischen Wand und Boden.

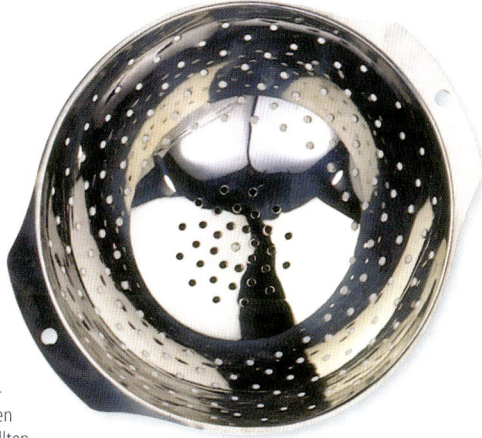

Schüsseln
Praktisch ist es, Schüsseln in unterschiedlichen Größen zu besitzen. Sie sollten ineinander passen, um Stauraum zu sparen. Edelstahl ist robust, Glas attraktiv und ermöglicht die genaue Kontrolle des Inhalts.

Durchschlag
Wichtig ist ein stabiles Exemplar mit Griffen, damit man Nudeln und Gemüse nach dem Kochen sicher abgießen kann.

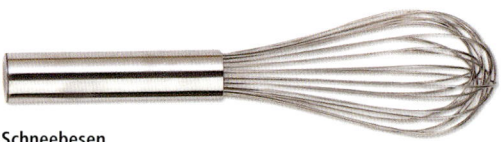

Schneebesen
Ein handlicher Griff und ein großer »Ballon«
aus elastischem Draht machen es leicht,
beispielsweise Eiweiß steif zu schlagen.
Unverzichtbar, um luftige Massen miteinander
zu vermischen.

Flachbesen
Ideal zum Verrühren kleiner Mengen, beispielsweise Saucen im Topf oder in der Bratreine. Nicht
in Töpfen mit Antihaftbeschichtung verwenden.

Bratzange
Nützlich zum Umsetzen und Wenden
empfindlicher Teile beim Braten oder
Grillen.

Holzspatel
Ein großer, flacher Spatel ist als Bratschaufel zu
verwenden und ebenso dafür, Massen miteinander
zu vermengen, beispielsweise geschmolzene
Schokolade unter einen Teig zu ziehen.

Teigschaber
Mit diesem flexiblen Gummispatel
bekommt man einen Teig fast ohne
Rückstände aus einer Schüssel. Auch
zum Vermengen von Massen ist er gut zu
verwenden.

BACKGERÄT

Die Teigherstellung ist eine
exakte Kunst, und zum Backen
benötigt man einige Spezial-
werkzeuge. Sie können Teig auf
einem großen Brett oder auf
einer Steinfläche herstellen;
letztere ist, da sie kühl
bleibt, für Mürbeteig
besonders geeignet.

Backpinsel
Zum Ausfetten von
Formen und zum
Bestreichen von Back-
werk mit Glasur. Flache
Pinsel sind leichter zu
handhaben als runde.

Well- oder Nudelholz
Hierzulande sind Nudelhölzer
mit Griffen üblich – meist sind
sie aber für bequemes Arbeiten
zu klein. Besser rollt man Teig
mit einem grifflosen Holz aus.
Man rollt dabei das Nudelholz
mit den Handflächen vor und
zurück.

Ausstecher
In glatter und
gewellter Ausfüh-
rung erhältlich,
ebenso in allen
möglichen Größen
und Formen.

Gewichte zum Blindbacken
Zum Vorbacken von Mürbeteig kann man
auch Bohnenkerne oder Trockenerbsen
verwenden. Diese Kugeln aus Keramik
sind schwerer und effektiver.

BACKEN & BRATEN

Gerät zum Backen und Braten im Ofen braucht man sicher nicht jeden Tag. Dennoch sollte man auch hier auf Qualität achten. Lange Lebensdauer und leichtes, problemloses Arbeiten lohnen etwas höhere Ausgaben.

BACKBLECHE UND -FORMEN

Metall, Glas oder Keramik, beschichtet oder nicht beschichtet – das kann man nach eigenen Vorlieben entscheiden. Jedes Material sollte sorgfältig behandelt werden, Kratzer sollte man vermeiden.

Backblech
Backbleche gehören normalerweise zum Lieferumfang eines Backofens, auf den sie abgestimmt sind. Außer als Backform für Blechkuchen, Kleingebäck und Pizzas dienen sie als Hitzeverteiler für kleinere Backformen. Sie sollen genau in den Ofen passen sowie stabil und ganz flach sein.

Kuchengitter
Kuchen und andere Backwaren sollten immer erst auskühlen, bevor man sie füllt oder glasiert. Ein Metallgitter, rechteckig oder rund, lässt rundum Luft an das Backwerk.

Muffinblech
Für Muffins sind beschichtete Backformen oder solche aus Silikon sehr vorteilhaft. Andernfalls bäckt man Muffins in Papierförmchen, die man in die Vertiefungen stellt.

Tiefes Backblech
Für höhere Blechkuchen ebenso geeignet wie als Form für Aufläufe oder Lasagne. Beschichtete Bleche vorsichtig behandeln.

Kastenform
Eine beschichtete Form (25 x 10 cm) ist ideal für Kuchen, Brot und Pasteten.

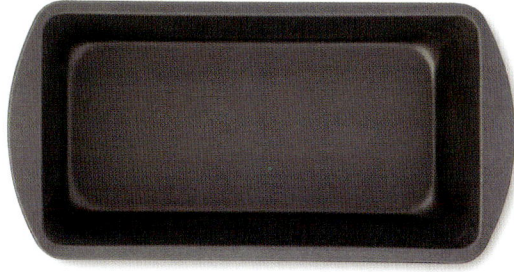

BACKOFENFORMEN

Ob man Metall oder Keramik, beschichtet oder unbeschichtet wählt, hängt nicht zuletzt davon ab, was man damit vorhat. Was auch immer man kauft, die Formen sollten sorgsam behandelt werden.

Tarteform
Flache Formen mit herausnehmbarem Boden sind vorteilhaft, wenn man beispielsweise Torten mit mehreren Schichten backen möchte oder für Mürbeteig. Eine Antihaftbeschichtung ist hier nicht notwendig.

Springform
Der Rand ist flexibel und lässt sich mit dem Klappbügel öffnen, sodass der Boden (mit dem Kuchen) herausgenommen werden kann. Springformen gibt es in verschiedenen Größen (16–30 cm ∅). Eine Antihaftbeschichtung ist nicht notwendig; allerdings sollte man dann die Form gut ausfetten und möglichst den Boden mit Backpapier auslegen.

Souffléförmchen
Ramekins, wie die Keramikförmchen auf Französisch heißen, dienen zum Backen von Soufflés und Puddings. Sie können direkt aus dem Ofen auf den Tisch gebracht werden. Portionsförmchen fassen üblicherweise 150 ml.

Metallnadeln
Damit verschließt man die Bauchöffnung von gefülltem Geflügel und befestigt Rouladen.

Auflaufform
Eine hübsche Form aus Keramik oder Glas, 5 cm tief und möglichst mit passendem Deckel, ist ideal für Aufläufe und gebackene Nudelgerichte wie Lasagne, aber auch zum Braten von Geflügel oder Fisch. Solche Formen sind nicht für große Temperaturschwankungen geeignet, daher niemals auf dem Herd erhitzen und nie kaltes Wasser in eine heiße Form gießen.

Quicheform
Auch beim Backen von Quiches bewähren sich Formen aus Metall besser als solche aus Keramik oder Glas. Quiches sind zerbrechliche Gebilde; ein gewellter Rand verleiht Stabilität. Aus demselben Grund sollte die Form einen herausnehmbaren Boden haben. Zum Servieren kann man die Quiche auf dem Boden lassen.

Pieform
Formen aus Metall sind besser geeignet als solche aus Keramik oder Glas, weil sie die Hitze gleichmäßiger verteilen und den Teig knuspriger werden lassen. Für beste Wärmeleitung stellt man sie zudem auf ein Backblech. Pieformen haben einen glatten, schrägen Rand. Eine gute Allroundgröße sind 23 cm ⌀.

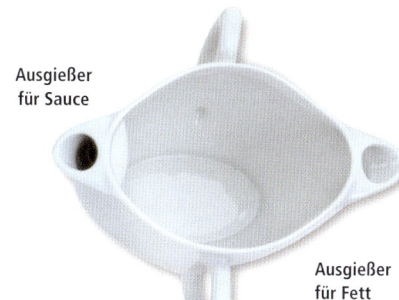

Ausgießer für Sauce

Ausgießer für Fett

Saucenentfetter
Dieses Saucenschiff macht es möglich, eine fast fettfreie Bratensauce zu erhalten. Das leichte Fett sammelt sich an der Oberfläche und kann auf einer Seite abgegossen werden. Auf der anderen Seite reicht der Ausgießer innen tief hinunter.

Fleischthermometer
Zum Braten von großem Geflügel und großen Stücken Fleisch überaus sinnvoll. Einfach in die Mitte der dicksten Stelle stechen und immer wieder die Temperatur ablesen. Die Brattemperaturen sind auf Seite 246 angegeben.

Bratreine
Am besten haben sich Reinen aus stabilem emailliertem Stahlblech bewährt. Praktisch ist, wenn sie einen Ausgießer haben.

Bratrost
Auf einem Rost brät das Fleisch, ohne in seinem Saft zu liegen. Auf klappbaren Versionen liegt Geflügel sicher.

Ausgießer

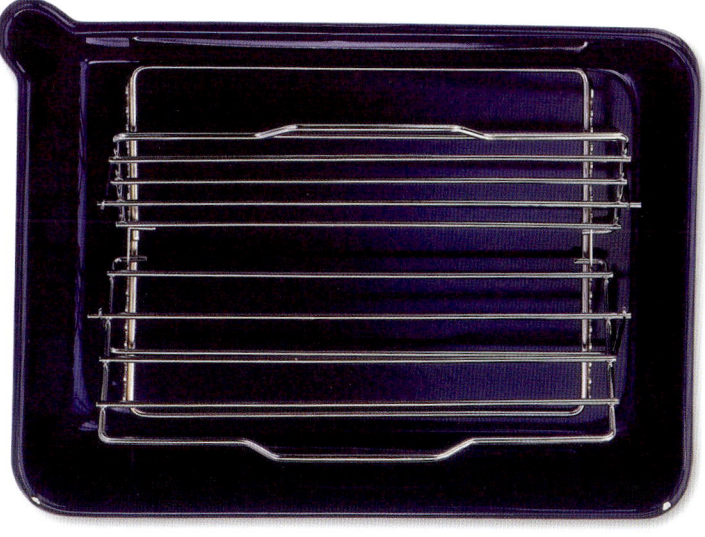

TÖPFE & PFANNEN

Die wohl wichtigsten Ausstattungsstücke jeder Küche. Für gute Qualität sollte auch ein Anfänger größere Investitionen nicht scheuen, allerdings ist das Teuerste nicht unbedingt das Beste. Hochwertige Töpfe halten eine Ewigkeit und sind leicht zu pflegen.

TÖPFE

Man sollte mindestens drei hohe und zwei niedrige Töpfe von unterschiedlichem Durchmesser besitzen. Ein mittelgroßer flacher Topf (»Bratentopf«) ist am universellsten verwendbar.

Dämpfeinsatz
Dieser zusammenfaltbare Dämpfeinsatz passt für unterschiedlich große Töpfe und steht auf eigenen Füßen. Er ist billiger als ein richtiger Dämpftopf und nimmt im Schrank weniger Platz ein.

Mittelgroßer Topf
Der Bratentopf (20 cm Ø) fasst etwa 2,5 l, eine Größe, die für viele Zwecke ideal ist. Mit Metallgriffen sind Töpfe auch zum Schmoren im Ofen geeignet. Dicht schließende Deckel gibt es für alle Größen und Ausführungen.

Großer Topf
Dieser hohe Topf (»Fleischtopf«; 24 cm Ø) fasst über 5,5 l und kann auch mit Dämpfeinsatz verwendet werden.

Stielkasserolle
Der Stieltopf (16 cm Ø) fasst 1,5 l und ist sehr vielseitig einzusetzen, für Saucen, Suppen oder kleine Mengen Gemüse. Der lange Metallgriff wird nicht heiß.

Milchtopf
Fasst etwa 1 l Flüssigkeit. Für Milch- und Sahnesaucen ist ein beschichteter Topf vorteilhaft, da sie leicht ansetzen. Ausgießer erleichtern das Umfüllen und Servieren. Antihaftbeschichtungen haben nur eine begrenzte Lebensdauer: Hier gilt tatsächlich – je teurer, desto besser.

Omelettpfanne
Für Eier, Omeletts und Pfannkuchen ist eine flache beschichtete Pfanne besonders empfehlenswert, auch wenn erfahrene Köche Guss- oder Schmiedeeisen vorziehen. Die richtige Größe ist wichtig (am Boden gemessen): 16 cm Ø für ein Omelett aus 2 Eiern, 24 cm Ø für einen dicken Eierkuchen nach spanischer oder italienischer Art.

MATERIALIEN FÜR PFANNEN

Für den Normalverbraucher sind beschichtete Pfannen aus Stahlblech oder aus dickem Aludruckguss am empfehlenswertesten. Aluminium ist auch ein guter Wärmeleiter. Pfannen aus Edelstahl sind sehr langlebig, aber teuer und nicht ganz einfach im Umgang. Sie sollten einen Sandwichboden besitzen, der einen Wärmeleiter aus Kupfer oder Aluminium umschließt.

Pfanne mit hohem Rand
Eine gute beschichtete Pfanne (24 cm ⌀) ist das richtige Allzweckgerät, sowohl zum Braten von Fleisch oder Eiern als auch zum Dünsten oder Rührbraten. Pfannen mit abnehmbarem Griff können auch in den Ofen gestellt werden. Ein Glasdeckel erlaubt die Kontrolle des Garvorgangs auch bei zugedeckter Pfanne.

Wok
Wählen Sie möglichst einen großen Wok (35 cm ⌀ am Rand). Eingelassener Karbonstahl ist leicht zu reinigen und unempfindlich gegen Metallgeräte; nicht eingelassener Karbonstahl rostet leicht. Ein Wok mit flachem Boden steht auf Elektroplatten genauso sicher wie auf dem Gasherd. Woks werden oft komplett mit Deckel, Schaufel, Spatel und Schöpflöffel verkauft.

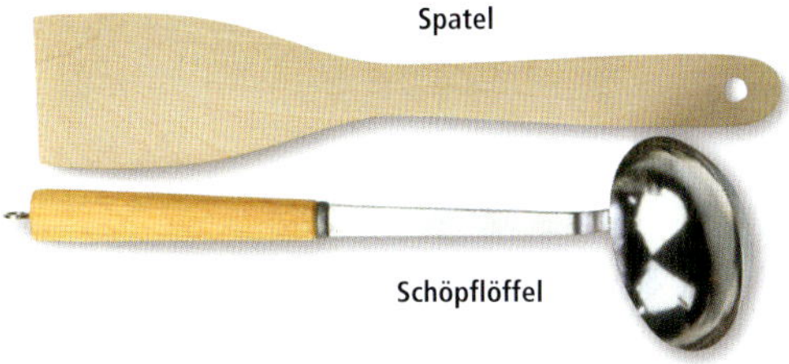

Spatel

Schöpflöffel

Grillplatte oder -pfanne
Auf einer gusseisernen Platte mit Stegen oder in einer entsprechenden Pfanne kann man auch auf dem Herd gut grillen. Die Platte sollte nicht zu schwer sein und einen Klappgriff besitzen.

Schaufel

Deckel für den Wok

PRAKTISCHE HINWEISE

Die Tabellen auf den folgenden Seiten geben Auskunft über eine Reihe wichtiger Garzeiten und Gartemperaturen. Den Abschluss bilden einige Hinweise zum richtigen Umgang mit frischen Zutaten.

FLEISCHTHERMOMETER

Zum Braten von Fleisch oder Geflügel sollte man ein Thermometer benützen, das die Temperatur im Inneren anzeigt – der genaueste und einfachste Weg, um den Gargrad zu kontrollieren. Man sticht es zu Beginn der Garzeit in den dicksten und magersten Teil des Fleischstücks (nicht in die Nähe eines Knochens). Unten sind die Temperaturen für den jeweiligen Gargrad angegeben.

ART	TEMPERATUR
Lamm	
medium-blutig	70 – 75 °C
durchgebraten	80 °C
Rind	
blutig	60 °C
medium	70 °C
durchgebraten	75 °C
Schwein	
durchgebraten	80 °C
Geflügel	
durchgegart	75 – 80 °C

BRATZEITEN UND -TEMPERATUREN FÜR FLEISCH

Art	Gewicht	Temperatur	Zeit
Rind			
Kotelett / Lende	2,25–2,5 kg	200 °C / Gas 4	1¼ – 1½ Std. (blutig)
			2–2¼ Std. (medium)
			2½–2¾ Std. (durchgebraten)
Oberschale	1–2 kg	180 °C / Gas 3	1–1¼ Std. (blutig)
			1¾–2 Std. (medium)
			2¼–2½ Std. (durchgebraten)
Filet (Mitte)	1 kg	220 °C / Gas 5	25 Minuten (blutig)
	2 kg		40 Minuten (medium)
Lamm			
ganze Keule / ganze Schulter	1,5–2,5 kg	180 °C / Gas 3	1½–2¼ Std. (medium-blutig) 1¾–2½ Std. (durchgebraten)
halbe Keule / halbe Schulter	1–1,6 kg	180 °C / Gas 3	1–1¾ Std. (medium-blutig) 1½–2 Std. (durchgebraten)
Schwein			
Lende / Schulter (entbeint)	1–1,5 kg	180 °C / Gas 3, 220 °C / Gas 5	1¾–2¼ Std. in den letzten 20 Minuten
	2–2,5 kg	180 °C / Gas 3 220 °C / Gas 5	2½–3 Std. in den letzten 20 Minuten

Geflügel auftauen

Tiefgefrorenes Geflügel muss immer vollständig auftauen, sonst wird es nicht gleichmäßig gar. Vögel bis 1,8 kg tauen an einem kühlen Platz über Nacht auf oder im Kühlschrank in 36 Stunden. Tiere über 1,8 kg brauchen etwa 48 Stunden. Stellen Sie sicher, dass sich in der Bauchhöhle keine Eiskristalle mehr befinden.

BRATZEITEN UND -TEMPERATUREN FÜR GEFLÜGEL

Art	Gewicht	Temperatur	Zeit
Hähnchen	1,5–1,8 kg	200 °C / Gas 4	1¼–1½ Stunden
	2,5–3 kg	200 °C / Gas 4	2–2¼ Stunden
Ente	1,8 kg	200 °C / Gas 4 180 °C / Gas 3	45 Minuten, dann 1½ Stunden
	2,5 kg	200 °C / Gas 4 180 °C / Gas 3	45 Minuten, dann 2 Stunden
Truthahn	4–5 kg	180 °C / Gas 3	3–3½ Stunden
	6–8 kg	180 °C / Gas 3	4–4¾ Stunden

GRÜNES GEMÜSE

• Damit grünes Gemüse knackigen Biss bekommt und seine schöne Farbe und die Nährstoffe behält, nur mit der kleinstmöglichen Menge Wasser in kürzestmöglicher Zeit dünsten.

• Das Wasser zum Kochen bringen, salzen, dann das Gemüse zugeben. Die Garzeit beginnt, wenn das Wasser wieder kocht. Nach dem Garen noch vorhandenes Wasser in einem Durchschlag abtropfen lassen. Die hier angegebenen Zeiten sind als Anhaltspunkt zu verstehen; sie variieren je nach Alter des Gemüses und nach der Größe der Stücke.

GARZEITEN GRÜNES GEMÜSE

Art	Zeit
Dicke Bohnen, ausgepalt	6 Minuten
Grüne Bohnen, ganz	6 Minuten
Feuerbohnen, in Stücken	5 Minuten
Blumenkohl, in Röschen	6 Minuten
Brokkoli, in Röschen	6 Minuten
Rosenkohl, ganze Röschen	6 Minuten
Weißkraut, gehobelt	3 Minuten
Erbsen	3 Minuten
Zuckerschoten	2 Minuten

WURZELGEMÜSE & KÜRBIS

• Wurzelgemüse sollte immer bei geschlossenem Deckel gegart werden – sie wachsen in der Dunkelheit, unter der Erde, und werden daher auch im Dunkeln gegart. Das gilt auch für Kürbis.

• Kartoffeln knapp mit kaltem Wasser bedecken, salzen und zum Kochen bringen. Für die anderen Gemüsesorten genügt gerade so viel Wasser im Topf (2–3 cm hoch), dass sie im Dampf dünsten. Die Kochzeit beginnt, wenn das Wasser kocht. Nach dem Garen noch vorhandenes Kochwasser in einem Durchschlag abtropfen lassen.

GARZEITEN WURZELGEMÜSE & KÜRBIS

Art	Zeit
Eichelkürbis, in Stücke geschnitten	15–20 Minuten
Eierkürbis, ganz	6 Minuten
Möhren, Scheiben/Stäbchen	2–3 Minuten
Möhren, junge, ganz	6 Minuten
Gartenkürbis, in Stücke geschnitten	15–20 Minuten
Kartoffeln, in Stücke geschnitten	15–20 Minuten
Kartoffeln, kleine neue, ganz	15–20 Minuten
Pastinaken, in Stücke geschnitten	15–20 Minuten
Rübchen, in Stücke geschnitten	10 Minuten
Steckrüben, in Stücke geschnitten	15–20 Minuten

REIS & NUDELN

• Die Garzeiten für Nudeln und Reis sind je nach Sorte unterschiedlich. Auf den Verpackungen sind meist die Kochzeiten angegeben. Sowohl Nudeln als auch Reis kurz vor Ende der empfohlenen Zeit prüfen, damit sie nicht zu weich werden. Die Garmethoden werden auf Seite 150–153 erläutert.

GARZEITEN REIS & NUDELN

Art	Zeit
REIS	
Basmati	10–15 Minuten
Langkorn	12–15 Minuten
Naturreis	20–30 Minuten
NUDELN	
frisch	2–5 Minuten
trocken	10–15 Minuten
chinesische Eiernudeln	6 Minuten

HÜLSENFRÜCHTE

• Alle Hülsenfrüchte außer Linsen werden über Nacht in der doppelten Menge kaltem Wasser eingeweicht.

• Bohnen und Erbsen zunächst 10 Minuten kräftig kochen lassen, damit eventuell vorhandene Giftstoffe zerstört werden. Die Garmethoden werden auf Seite 156/157 erläutert.

GARZEITEN HÜLSENFRÜCHTE

Art	Zeit
Aduki-Bohnen	45 Minuten
Borlotti-Bohnen	1–1½ Stunden
Cannellini-Bohnen	1–1½ Stunden
Kidney-Bohnen	1¾ Stunden
Schwarze Bohnen	1–1½ Stunden
Linsen	20–30 Minuten
Schälerbsen	1–1½ Stunden
Kichererbsen	2 Stunden

BACKOFENTEMPERATUREN

• Den Backofen immer vorheizen; andernfalls ist der Erfolg nicht gewährleistet. Die Rezepte in diesem Buch wurden mit vorgeheiztem Ofen getestet.

• In den Rezepten sind nur die Temperaturen angegeben, die so auch am Elektroherd einzustellen sind. Die entsprechenden Stufen für Gasherde sind der Tabelle rechts zu entnehmen. Für Umluftherde gelten im Allgemeinen um 20 °C niedrigere Temperaturen (Bedienungsanleitung beachten). Kein Backofen, besonders Gasofen, arbeitet genauso wie ein anderer; daher kann es notwendig sein, die Temperaturen und/oder die Garzeiten entsprechend anzupassen.

°Celsius	Gas
150	1
160	2
180	3
200	4
220	5
240	6
260	7
280	8

Temperaturen für Umluftherde

Die in den Tabellen und Rezepten genannten Temperaturen sind im Allgemeinen um 20 °C zu reduzieren (Hinweise in der Bedienungsanleitung beachten).

RICHTIGER UMGANG MIT LEBENSMITTELN

Empfindliche und leicht verderbliche Zutaten müssen sorgfältig behandelt werden, damit sie in bestem Zustand verwendet werden können und die Gefahr von Vergiftungen ausgeschlossen wird. Kaufen Sie in einem gut geführten Laden oder Supermarkt und prüfen Sie immer die Haltbarkeitsdauer. Legen Sie frische Zutaten möglichst rasch in den Kühlschrank. Halten Sie Arbeitsflächen und Geräte sauber, und waschen Sie sich vor der Küchenarbeit stets die Hände. Verwenden Sie für rohe und gekochte Lebensmittel verschiedene Schneidebretter; wenn das nicht möglich ist, waschen Sie sie nach jedem Arbeitsschritt gut ab. Diese Regeln gibt der gesunde Menschenverstand vor und sie gelten für alle frischen Lebensmittel. Einige Besonderheiten werden im Folgenden erläutert.

KÄSE

• Käse aus Rohmilch, Weichkäse und Blauschimmelkäse sollten von schwangeren Frauen, Säuglingen, Kleinkindern, Kranken und alten Menschen nicht verzehrt werden. Dieser Personenkreis reagiert besonders empfindlich auf Listeria-Bakterien, die in diesen Käsesorten enthalten sein können.

EIER

• Kaufen Sie immer möglichst frische Eier bei einem vertrauenswürdigen Händler. Achten Sie unbedingt auf unbeschädigte und saubere Schalen und prüfen Sie sorgfältig das Lege- und das Haltbarkeitsdatum.
• Bewahren Sie Eier im Kühlschrank mit dem spitzen Ende nach unten auf, abseits von stark riechenden Lebensmitteln.
• Waschen Sie vor und nach dem Umgang mit rohen Eiern immer gut Ihre Hände.

• Mit Salmonellen kontaminierte Eier stellen eine Gefahr dar, wenn sie roh oder nur halb gegart sind (z. B. weich gekocht). Schwangere Frauen, Säuglinge, Kleinkinder, Kranke und alte Menschen sollten Eier daher nur ganz durchgegart essen. Damit Salmonellen sicher zerstört werden, muss das Ei eine Temperatur von 71 °C erreichen; bei dieser Temperatur wird das Eigelb fest.

HÜLSENFRÜCHTE

• Bohnenkerne und Trockenerbsen, besonders Kidney-Bohnen, können gefährliche Giftstoffe enthalten, die eine Lebensmittelvergiftung verursachen können. Daher immer zunächst 10 Minuten lang sprudelnd kochen lassen; das zerstört die Toxine.

FLEISCH

• Kaufen Sie immer frisches Fleisch bei einem vertrauenswürdigen

Händler und legen Sie es möglichst schnell wieder in den Kühlschrank. Entfernen Sie eine Verpackung, insbesondere Klarsichtfolie, legen Sie das Fleisch in eine Schüssel und bedecken Sie diese mit einem Teller. Stellen Sie die Schüssel unten in den Kühlschrank.
• Verwahren Sie rohes und gegartes Fleisch getrennt voneinander, trennen Sie es auch bei der Arbeit immer. Wenn Sie mit rohem und gegartem Fleisch umgehen müssen, waschen Sie zwischen den einzelnen Arbeitsgängen immer gut die Hände.
• Tiefgefrorenes Fleisch muss vor der Zubereitung ganz auftauen. Gießen Sie die Auftauflüssigkeit weg, und frieren Sie einmal aufgetautes Fleisch nicht wieder ein – es sei denn, es wurde gegart.
• Gegartes Fleisch nur einmal aufwärmen. Achten Sie darauf, dass es dabei durch und durch heiß wird (mindestens 75 °C).

MUSCHELN

• Kaufen Sie immer frische, lebende Muscheln bei einem vertrauenswürdigen Händler. Bereiten Sie sie noch am selben Tag zu.

• Vor dem Kochen müssen alle beschädigten und geöffneten Muscheln aussortiert und weggeworfen werden; nach dem Kochen müssen alle Exemplare weggeworfen werden, die sich nicht geöffnet haben. In beiden Fällen sind sie nicht in Ordnung.

KARTOFFELN

• Kartoffeln, die nicht im Dunkeln gelagert werden, bekommen grüne Stellen. Diese enthalten das Gift Solanin, das Übelkeit und Durchfall verursachen kann. Also immer dunkel aufbewahren.

• Kleine grüne Stellen können beim Schälen weggeschnitten werden. Wenn sie jedoch sehr groß sind und tief reichen, ist es besser, die Kartoffel wegzuwerfen.

GEFLÜGEL

• Frisches Geflügel nach dem Kauf möglichst rasch kühl stellen. Verpackungen entfernen, ebenso noch in der Bauchhöhle vorhandene Innereien. Legen Sie es in eine Schüssel und stellen Sie sie zugedeckt unten in den Kühlschrank, nicht in die Nähe von gegartem Fleisch. Die Innereien in einer eigenen Schüssel aufbewahren.

• Geflügel ist für eine Kontamination mit Salmonellen besonders empfänglich. Waschen Sie Hände, Arbeitsflächen und Geräte vor und nach der Zubereitung gründlich. Rohes Geflügel und für die Vorbereitung benutztes Gerät soll nicht mit Gekochtem in Kontakt kommen.

• Tiefgefrorenes Geflügel muss vor der Zubereitung ganz auftauen (Auftauzeiten siehe Seite 247), und die Auftauflüssigkeit muss unbedingt weggegossen werden. Nicht wieder einfrieren.

• Einen Vogel erst unmittelbar vor dem Braten füllen. Die Füllung sollte kalt sein. Bei sehr großen Vögeln nicht die Bauchhöhle, sondern nur die Halsöffnung füllen.

• Geflügel immer durchgaren, damit Bakterien abgetötet werden. Gegen Ende der Garzeit mit einem Spieß oder einer Rouladennadel in den Schenkel stechen: Wenn keine blutige Flüssigkeit mehr austritt, ist der Vogel gar. Ein Fleischthermometer sollte 90 °C anzeigen.

REIS, GEGART

• Übriggebliebenen Reis immer zugedeckt im Kühlschrank aufbewahren, nicht offen bei Raumtemperatur. Bakterien, die Übelkeit und Durchfall verursachen, entwickeln sich bei Temperaturen von über 4 °C (der Kühlschrank sollte zwischen 0 und 4 °C kalt sein). Beim Aufwärmen durch und durch heiß werden lassen.

REGISTER

MARY BERRY

ÜBER DIE AUTORIN

Mary Berry ist in Großbritannien eine der bekanntesten Kochbuchautorinnen, hat in zahlreichen Kochshows ihr Können gezeigt und gilt als Spezialistin für die gehobene traditionelle Hausmannskost. Sie hat mehr als 60 Bücher geschrieben und weltweit mehr als 5 Millionen Exemplare verkauft. 2004 wurde sie von der BBC unter die Top 3 der besten Kochbuchautoren gewählt – zusammen mit Jamie Oliver und Delia Smith.

Seit vielen Jahren bemüht sich Mary Berry um das Kochen für die ganze Familie und kreiert ebenso einfache wie schmackhafte Rezepte auf der Basis frischer Zutaten. In zahlreichen TV- und Radiosendungen hat sie ihre Küchengeheimnisse einer riesigen Fangemeinde verraten.

DANK

Dorling Kindersley dankt für ihre umfassende Beratung Jeni Wright; für die redaktionelle Betreuung Nicky Vimpany und ihrer Assistentin Lorraine Turner; für die Bildredaktion Colin Robson und Rosamund Saunders; für die grafische Betreuung Clare Marshall und Bridget Roseberry und nicht zuletzt Mary Ling.
Unser Dank gilt auch Fay Franklin, Virginia Walter, Mari Roberts, Robert Ford and Laura Jackson für die Projektbetreuung, Susan Bosanko für die Erstellung des Registers, Jasmine Challis für die Recherche zu Nährwerten, Caroline Liddell für das Testen der Rezepte sowie dem British Chicken Information Service und der Meat and Livestock Commission für wertvolle Hinweise und Informationen.

Zusätzliche Fotos stammen von David Murray und Jules Selmes, Jerry Young, Amanda Heywood, Clive Streeter, Philip Dowell, Stephen Oliver und Steve Gorton.

Unser ganz besonderer Dank gilt folgenden Unternehmen für ihre großartige Unterstützung: Schwartz Herbs and Spices; Lakeland Plastics Ltd of Windermere, Cumbria; ICTC of Norwich; Jim Wilkinson Promotions Ltd. Wir danken weiterhin für Leihgaben Magimix UK Ltd und Kenwood Appliances plc sowie David Mellor and Divertimenti.

Wir danken weiterhin **Jacket images** und **Rob Judges** für die freundliche Abdruckgenehmigung ihrer Fotos.